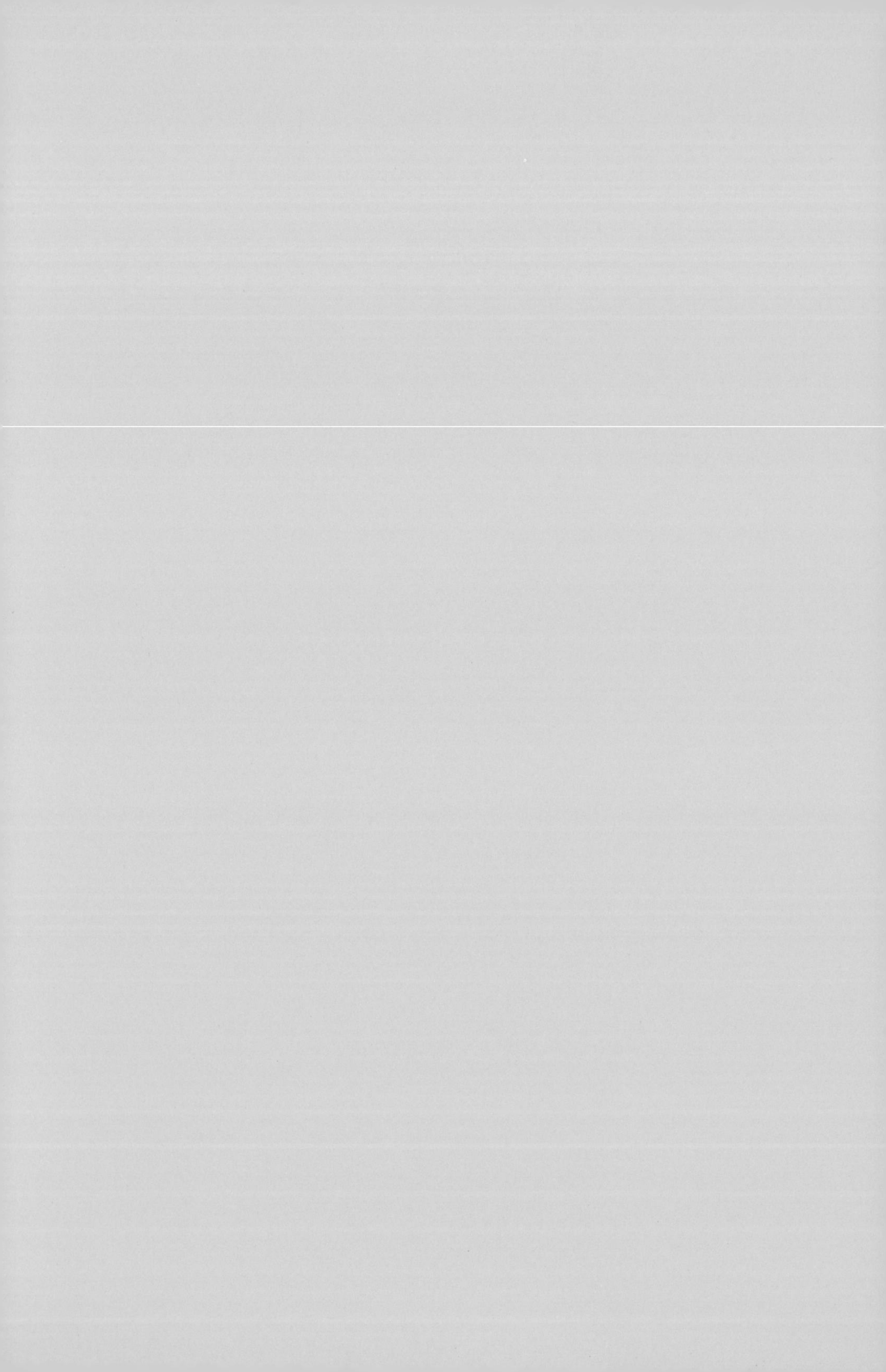

_________________ 님께

드립니다

하루 15분 나를 생각하라

유소운 엮음

레몬북스

알렉산더 대왕은 오른쪽 뺨에 깊은 흉터가 있었다. 전쟁에서 얻은 승리의 훈장이었지만 보기에는 아주 흉측했다. 어느 날 대왕은 자신의 초상화를 그릴 당대 최고의 화가를 왕실로 불렀다. 화가는 대왕의 얼굴을 보자 고민에 빠졌다. 흉측한 상처를 화폭에 담는 것이 영 꺼림칙했다. 화가는 고민을 거듭한 끝에 한 가지 묘안을 생각해냈다. 화가의 제안에 따라 대왕은 테이블 위에 팔꿈치를 얹고 손으로 턱을 받치고 앉았다.

뺨의 상처는 턱을 받친 손에 의해 감쪽같이 가려졌다. 결국 화가는 멋진 초상화를 그릴 수 있었고 대왕도 만족했다. 전체적인 조화를 깨뜨리지 않고 약점을 덮은 화가의 작은 지혜가 자칫 불쾌감을 줄 수도 있었던 그림을 아름다운 작품으로 만들 수 있었다.

사람들은 흔히 지식이 곧 지혜라고 착각한다. 하지만 지식과 지혜는 다르다. 지식은 이 사회를 살아가기 위한 하나의 도구이자 삶에 행복을 가져다주는 활력소이다. 하지만 문제를 해결해 나갈 수 있는 지혜가 없다면 그 지식은 무용지물이 될 수밖에 없다. 지식은 지혜가 동반

되어야 힘을 발휘할 수 있으며, 실천적 수행이 따르지 않는 한 바람 앞의 촛불처럼 허약한 것이 되고 만다.

반면 지혜는 깊은 사고와 통찰 그리고 경험을 통해서만 습득할 수 있는 일종의 깨달음과 같은 것이다. 우리의 인생을 풍요롭게 하는 최상의 수단이며 현명한 선택과 적절한 결정을 내리는 데 필요한 으뜸가는 분별력이다. 그런데 우리 사회는 어떤가? 지식은 지나치게 포식하여 병이 날 지경이지만 정작 필요한 지혜는 점점 멀어지고 있는 느낌이다.

어떻게 사는 것이 진짜 지혜로운 삶일까? 지혜롭게 산다는 것은 자신의 사고를 유연하고 아름답게 승화시키는 과정이어야 한다.

시선을 잠시만 돌려도 세상은 크게 달라 보인다. 무심코 자라난 길가의 풀 한 포기, 발에 채는 돌 하나까지 모든 사물에 나름대로의 의미를 부여하면서 우리의 생활 속에 적용시켜 나가는 것이야말로 인생을 사는 작은 지혜일 것이다.

덧붙이자면 독서야말로 진정 체험의 산실이자 지혜의 보고라 할 수 있다. 다른 사람의 삶을 간접적으로 체험함으로써 교훈을 얻고, 자신이 직면한 온갖 시련이나 난관을 지혜롭게 풀어나갈 수 있기 때문이다.

사실 독서만큼 유용한 것이 어디 있으랴. 책은 길을 안내해주는 스승이며 지치고 피곤할 때 위로의 말을 걸어주는 친구이자 아픈 상처를 치유해주는 처방전과 같다.

다른 사람의 지식이나 사상, 특별한 경험을 통해 새로운 지식과 정보를 얻고 교양을 높이며 인간생활에 필요한 정서적, 인격적 성숙을 이루어가는 데 독서의 일반적인 목적이 있음을 기억한다면, 독서를 많이 하는 사람은 자연히 지혜로울 수밖에 없다는 결론에 다다르게 될 것이다.

지혜는 진정한 재산이라는 말이 있다. 하지만 지혜는 그저 생겨나는 것이 아니라 바른 마음가짐 속에서 생겨나고 조건이 성숙되어야만 열매가 여문다. 지혜의 열매가 열리면 스스로의 내면도 성숙해지고 대상 또한 아름답게 보인다.

이 책에 실린 글들은 우리에게 감동을 주고 귀감이 될 만한 사람들이 빚어낸 갖가지 모양과 색깔의 삶의 단편이다. 아무쪼록 이 책과 더불어 지혜를 길벗 삼아 다시 한 번 자기 자신을 되돌아보고 단 한 번뿐인 인생을 소중하고 아름답게 가꾸었으면 하는 바람이다.

차례

6. 진실, 어두운 곳에서도 빛나 감춰질 수 없는 것

7. 도전, 자신이 원하는 삶을 위한 날갯짓

8. 감동, 가장 순수한 영혼의 떨림

배려, 타인에 대한 작은 눈길에서 시작되는 큰 마음

누구나 위대한 사람이 될 수 있다. 왜냐하면 누구나 남에게 필요한 존재가 될

수 있기 때문이다.

없는 팔 한 쪽

나쓰메 소세키는 대학에서 강의하던 도중 한 손을 바지 주머니에 넣은 채 강의를 듣고 있는 학생을 발견했다. 완고하고 엄격했던 나쓰메 소세키는 그 학생의 태도를 그냥 보아 넘길 수 없었다.

"자네, 주머니에서 손을 빼게."

하지만 그 학생은 주머니에 넣은 한 손을 빼지 않았다. 화가 난 나쓰메 소세키는 연단을 내려가서 그 학생의 앞으로 다가갔다.

"그런 불손한 자세로 강의를 듣는 게 아니네. 어서 손을 빼게."

그러자 그 학생은 고개를 푹 숙이더니 어렵게 말을 꺼냈다.

"교수님, 저는 한 쪽 팔이 없습니다. 그래서……."

나쓰메 소세키는 깜짝 놀랐다. 제자의 속사정을 알지 못하고 다그쳤던 것이 미안스럽기도 했다. 그래서 그는 미소를 지으며 제자의 등을 토닥거렸다.

"여보게, 교수인 나도 지금 없는 지식을 억지로 짜내서 수업을 하고 있으니 자네도 없는 팔 한 쪽을 드러내주지 않겠나?"

너그러움

참되고 아름다운 모든 것은 언제나 전부를 용서하는 데서만 찾을 수 있다.
– 도스토예프스키

　　　　　　　　　　　기주에서 거란족을 물리치고 당당히
돌아온 강감찬을 위해 현종이 연회를 베풀었다. 강감찬의 자리는 현종
의 바로 옆에 놓였다.

산해진미가 가득 차려진 연회상 앞에서 한창 흥이 무르익을 무렵, 강
감찬이 현종의 눈치를 살피며 슬며시 일어섰다. 현종이 왜 그러느냐고
묻자 강감찬은 화장실을 다녀오겠노라 아뢰며 뒤로 물러섰다. 그리고
강감찬은 내시를 향해 따라나오라는 눈짓을 보냈다. 내시와 마주 선
강감찬은 먼저 주위를 살펴 아무도 없는 것을 확인한 뒤 입을 열었다.

"내가 조금 전 밥을 먹으려고 밥주발을 열었더니 빈 그릇이더구나.
아마도 너희들이 실수를 한 듯싶다."

그 말을 듣는 순간 내시의 얼굴은 노랗게 질렸다. 그날의 주인공은
강감찬인데 그 같은 실수를 했다는 사실이 임금에게 알려졌다면 큰 벌
을 받을 것이 틀림없었다.

"장군님, 죽을죄를 지었습니다. 어떤 벌이든 달게 받겠습니다."

내시는 무릎을 꿇은 채 벌벌 떨며 잘못을 빌었다. 그러자 강감찬은

두 팔로 내시를 일으켜 세우며 말했다.

"됐다. 그만 일어서거라. 내 한 가지 묘안이 있으니 시키는 대로해라!"

강감찬은 내시의 귀에 무언가 나지막이 속삭였다. 잠시 후 연회장으로 들어온 강감찬은 아무 일도 없었다는 듯 사람들과 어울렸다. 그때 내시가 강감찬 곁으로 다가와 말했다.

"장군님, 진지가 식은 듯하오니 바꿔드리겠습니다."

대음악가의 제자

타인을 자기 자신처럼 존경할 수 있고 자기가 하고 싶다고 생각하는 것을 타인에게 할 수 있다면, 그 사람은 참된 사랑을 알고 있는 사람이다. 그리고 세상에 그 이상 가는 사람은 없다.
– 괴테

헝가리의 음악가 리스트가 어느 시골 마을을 여행하게 되었다. 리스트가 마을에 도착했을 때 마침 극장에서 음악회가 열린다는 포스터가 붙어 있었다.

포스터를 살펴보니 음악회를 여는 여류 피아니스트가 자신의 제자라고 소개되어 있었다. 그러나 리스트는 그 제자라고 하는 여자의 이름을 기억할 수 없었다. 리스트는 숙소로 돌아오면서도 이상한 생각을 떨쳐버릴 수 없었다.

얼마 후 마을에는 리스트가 왔다는 소문이 퍼졌다. 이 소문을 듣고 놀란 사람은 바로 그날 연주회를 갖기로 한 여류 피아니스트였다. 사실 그녀는 리스트의 제자가 아니었을 뿐더러 얼굴조차 본 적이 없었다. 그녀는 시골구석을 돌아다니며 연주를 하곤 했는데, 병든 아버지와 나이 어린 동생들을 먹여 살리기 위해서 리스트의 제자라는 허위 경력을 포스터에 썼던 것이다.

결국 그녀는 리스트를 찾아가 이 사실을 이야기하고 연주회를 중지하겠다고 말했다. 이 말을 들은 리스트는 그녀를 호텔로 데리고 가서

피아노 앞에 앉혔다. 그런 다음 피아노를 쳐보게 했다. 연주를 들은 리스트는 그녀의 연주법에 대해 몇 가지 주의를 주고 잘못된 점을 바로잡아주었다.

"나는 지금 당신에게 피아노를 가르쳤소. 이로써 당신은 나의 제자가 되었고 리스트의 제자로서 오늘밤의 연주회를 열 수 있으니 안심하시오."

그날 밤 연주회는 대성황을 이루었다.

의술보다 인술

훌륭한 사람이 저지르는 잘못은 존경할 만한 가치가 있다.
그것이야말로 하찮은 사람의 진실보다도 더 유익하기 때문이다.
— 니체

단지 환자만 고치는 의사가 아니라 세상을 고치는 의사가 있었다. 바로 장기려 박사다. 박사가 부산 복음병원의 원장으로 있을 때의 일이다. 복음병원에는 가난하거나 다른 병원에서 치료가 불가능한 말기 환자들이 그에게 진찰이라도 받아보고 죽겠다며 몰려들었다. 하지만 치료를 받고나면 치료비와 약값을 낼 형편이 못 되는 환자들 때문에 자신의 월급에서 대신 갚아주느라 그는 늘 가난했다.

그러던 어느 날 밤늦게 그의 방에 한 청년이 찾아왔다. 청년은 몹시 불안한 표정으로 어쩔 줄 몰라 하며 주위를 두리번거렸는데 두 눈이 빨갛게 충혈되어 있었다.

"무슨 급한 일이 있기에 이렇게 늦은 밤에 나를 찾아왔나요?"

장기려 박사가 부드럽게 묻자 청년은 용기를 얻은 듯 더듬거리며 말했다.

"사실은 저의 어머니가 수술을 해서 살아나셨습니다. 그런데 치료비 때문에 퇴원을 못 해서… 어머니를 퇴원시켜 주시면 제가 무슨 수를 써

서라도 그 돈을 나중에 꼭 갚아드리겠습니다."

청년은 큰 소리로 흐느껴 울며 애원했다. 그러자 한참 동안 아무런 말도 하지 않고 있던 그가 청년의 두 손을 꼭 잡으며 조용히 입을 열었다.

"왜 이리 소란스럽게 합니까. 이런 얘기는 조용조용하게 해야지 누가 들으면 어쩌려고요? 당신이 언제 나갈 건지 알려주면, 그 시간에 맞춰 내가 병원 뒷문을 살짝 열어놓을 테니 조용히 나가시오. 대신 조건이 있소."

청년이 무슨 조건이든지 다 받아들이겠다고 하자 그가 웃으며 말했다.

"내가 문을 열어줬다고 소문을 내면 안 됩니다. 그러면 앞으로 난 아무도 도와줄 수가 없게 됩니다. 그것만 지켜주면 됩니다."

굴욕을 견디는 용기

중국에서 유방과 함께 천하를 통일했던 한신은 남다른 지략과 더불어 사람을 포용할 줄 아는 마음가짐이 있었기에 대성할 수 있었다.

젊은 시절의 한신은 매우 가난하여 푸줏간에서 일을 하고 있었다. 어느 날 동네 건달들이 한신에게 시비를 걸어왔다. 그중 하나가 길을 가던 한신을 막아서며 소리쳤다.

"이야! 푸줏간 칼을 찬 모양이 그럴 듯한데 한판 붙어보자! 자신 있으면 덤벼봐. 싸울 용기가 없다면 내 가랑이 밑으로 기어가든지."

한신은 분노가 끓어올랐다. 당장이라도 칼을 뽑아들고 건달을 해치워버리고 싶었다. 하지만 한신은 큰일을 이루겠다는 목표가 있었기 때문에 그 순간을 참고 또 참았다.

"어서 덤벼봐!"

건달이 다시 소리쳤다. 건달을 한동안 바라보던 한신은 아무 말 없이 그의 가랑이 밑을 기어갔다. 주위에서 이것을 지켜본 구경꾼들이 모두 한신을 비웃었다.

한신은 그런 비웃음을 묵묵히 이겨냈기 때문에 그를 알아주는 진정한 제왕이 나타날 때까지 그곳에서 아무런 문제도 일으키지 않고 살 수 있었다. 몇 년 후에 한신은 유방을 받들어 큰 공을 세우고 영주가 되어 그곳에 금의환향하게 되었다. 한신은 자신을 가랑이 사이로 지나가게 했던 건달을 찾아갔다.

"지난날 자네로부터 받은 굴욕이 오늘의 나를 만들어주었네."

보통 사람이면 당장이라도 복수를 하려고 했을 것이지만 한신은 그렇지 않았다. 오히려 그 건달에게 벼슬을 주고 자신의 휘하에서 일하도록 해주었다. 그 건달은 너무나 감격하여 죽을 때까지 한신을 받들었다고 한다.

거인의 관대함

나이가 지긋한 선비 한 사람이 노새를 타고 길을 가고 있었다. 선비의 차림은 몹시 검소했고 거느린 하인이라곤 노새를 끄는 마부 한 사람뿐이었다. 먼 길을 온 듯 선비도 마부도 꽤 피곤해보였다.

날이 저물자 선비는 주막집을 찾았고 제일 깨끗한 방을 하나 빌려 피곤한 몸을 뉘었다.

어렴풋이 잠이 들 무렵 주막 앞이 떠들썩해지더니 '충청수사 행차요.' 하는 소리가 들려왔다. 이윽고 충청수사와 그를 호위하는 관리들이 선비가 묵고 있던 주막에 들이닥쳤다. 주막집 주인은 허둥지둥 달려 나가 그들을 맞이했다.

한 관리가 '제일 좋은 방으로 수사를 모시도록 하라'고 주인에게 명했다. 그러자 주인은 더듬거리며 말했다.

"저어, 그 방엔 벌써 손님이 들어 계십니다."

관리는 버럭 소리를 질렀다.

"수사님 행차신데 손님은 무슨 손님이냐? 잔말 말고 어서 그 방을 비워라.”

결국 선비가 들었던 방에는 충청수사가 들었고 나머지 방들도 모두 관리들이 차지했다. 선비는 하는 수 없이 관리들과 함께 어느 방의 윗목에서 하룻밤을 지내게 되었다. 그러나 선비의 얼굴에서는 노여운 빛을 찾아볼 수 없었다.

그 선비는 효종 임금의 간곡한 부름을 받고 이조판서에 부임하기 위해 한양으로 가던 우암 송시열이었다.

용서의 힘

남을 이해하고 용서하는 것은 자기를 이해할 줄 알고 높은 인격을 가진 사람이
아니면 할 수 없다.
– D. 카네기

웰링턴 장군의 부하 중에 상습적으로 탈영을 하는 병사가 있었다. 장군은 그 병사에게 사형을 시키기로 마음먹고 침통한 목소리로 말했다.

"나는 최선을 다해 너를 교육시켜 보려고 했다. 그러나 너는 결코 달라지지 않았다. 별 수 없이 너는 그 대가를 받아야 한다."

그때 웰링턴 장군의 참모가 이렇게 말했다.

"장군님, 장군님께서 아직 이 자에게 시도해보지 않은 것이 한 가지 있습니다."

장군은 그것이 무엇이냐고 물었다.

"그것은 바로 그를 용서해보는 일입니다."

장군은 참모의 충고를 받아들여 그 병사를 무조건 용서해보기로 했다. 그러자 그 병사는 그 후 다시는 탈영을 하지 않았고 용맹스럽고 충성스러운 부하가 되었다.

적과의 화해

미국의 편집인이며 발행인인 앨버트 하버트는 한때 자유기고 신문기자와 제조회사의 판매 광고 책임자를 지내기도 하였다. 이런 여러 경험을 바탕으로 1893년에는 직접 출판사를 설립하였고 1895년부터는 매달 '작은 여행'이라는 소책자 시리즈를 발간했다.

이 책은 유명 인사들에 관한 재미있는 전기적 수필로 실제 사실을 논평 및 풍자로 배합해서 독자들의 큰 호응을 얻었다. 또한 〈필리스틴〉을 비롯한 많은 잡지를 발행하여 스스로 집필을 했는데, 그 중에서 미국과 스페인의 전쟁을 교훈삼아 인내의 중요성을 설파한 도덕주의적 논설인 '가르시아에 보내는 편지'가 가장 유명하다.

그의 글은 급진적이면서도 보수적이고, 독창적이고 전위적이어서 독자들의 반발과 사랑을 동시에 받았다. 자신의 입장을 반대하는 사람을 만나면 오히려 그들의 말을 경청하고 솔직하게 대화를 나누었기 때문에 그를 배척하는 사람은 그리 많지 않았다.

하루는 그의 글에 격분한 독자가 맹렬한 비난의 편지를 보내왔다. 하버트는 진지하게 그 글을 읽고 난 후 잠시 생각에 잠겼다. 이윽고 펜을 들어 단정한 글씨로 답장을 썼다.

〈선생님의 진심 어린 충고의 편지 잘 받았습니다. 제 자신도 그 글에 전적으로 동의하는 것은 아닙니다. 어제의 제 의견이 오늘의 제 의견과 똑같을 수만은 없다는 점도 말씀드리고 싶습니다. 따라서 그 문제에 대한 선생님의 생각을 알고 싶습니다. 만약 저의 집 근처에 오실 기회가 있으시면 꼭 한 번 저를 찾아주십시오. 저와 함께 이 문제를 진지하게 논의해봅시다. 비록 멀리 떨어져 있지만 선생님께 악수를 청하고 싶습니다. 솔직한 의견에 진심으로 감사드립니다.〉

루소와 밀레

나는 인생이 제공하는 가장 중요한 두 가지 선물인 아름다움과 진실 가운데 첫
번째는 사랑하는 마음에서, 두 번째는 일하는 손에서 찾아냈다.
– 칼릴 지브란

프랑스의 화가 밀레는 아름다운 전
원과 농부들을 그렸지만 당시에는 알아주는 사람이 없었다. 밀레는 화
려한 거실에 걸리는 그림이 아닌 살아 있는 그림을 그리고자 했다. 이
러한 밀레의 마음을 이해해주는 사람은 아내와 친구인 철학자 루소뿐
이었다.

밀레가 〈접목을 하고 있는 농부〉를 그리고 있을 때였다. 그림 한 점
팔지 못한 밀레는 불기 없는 냉방에서 그림을 그렸으며 아내와 아이들
은 며칠째 굶고 있었다. 식량과 땔감이 떨어진 것이다.

그림을 완성한 밀레가 기쁜 얼굴로 가족들을 돌아보았지만 아내와
아이들은 핼쑥한 얼굴로 웃고 있었다. 밀레는 너무나 미안한 마음에
목이 메였다.

'어서 빨리 이 그림을 팔아서 양식을 구해 와야지.'

밀레가 주섬주섬 옷을 입고 있을 때 루소가 찾아왔다.

"여보게 밀레, 내가 기쁜 소식을 가져왔네. 드디어 자네 그림을 이해
하고 사겠다는 사람이 나타났네."

루소는 자기 일처럼 기뻐했다.

"그런데 그 사람이 나에게 돈을 주며 대신 그림을 골라 오라고 부탁했네. 자, 여기 돈 받게나."

루소는 두툼한 지폐 뭉치를 밀레의 손에 쥐어주며 말했다. 그리고 밀레가 막 끝낸 그림 〈접목을 하고 있는 농부〉를 들고 돌아갔다.

그리고 몇 년이 흘렀다. 밀레가 루소의 집을 방문했다. 루소는 마침 외출 중이어서 밀레는 그가 돌이올 때까지 기다리기 위해 방으로 들어갔다. 그런데 한쪽 벽에 낯익은 그림 한 점이 걸려 있는 것을 보게 되었다. 그 그림을 본 밀레는 깜짝 놀라고 말았다. 바로 〈접목을 하고 있는 농부〉였던 것이다.

남을 생각할 줄 아는 아이

친절한 말은 많고 쉽게 할 수 있지만 그 메아리는 끝없이 울려 퍼진다.
– 테레사 수녀

작가이며 유명한 연사인 레오 버스카글리아가 한번은 자신이 심사를 맡았던 어떤 대회에 대해 말한 적이 있다. 그 대회의 목적은 남을 가장 잘 생각할 줄 아는 아이를 뽑는 일이었다. 레오 버스카글리아가 뽑은 우승자는 일곱 살의 소년이었다.

그 아이의 옆집에는 최근에 아내를 잃은 나이 먹은 노인이 살고 있었다. 그 노인이 우는 것을 보고 어린 소년은 노인이 사는 집 마당으로 걸어갔다. 그러고는 노인의 무릎에 앉아 있었다. 엄마가 나중에 아이에게 이웃집 노인께 무슨 위로의 말을 했느냐고 묻자 어린 소년은 말했다.

"아무것도 하지 않았어요. 다만 그 할아버지가 우는 걸 도와드렸어요."

선의의 경쟁

황금은 불로 시험하고 우정은 곤경으로써 시험당한다.
- 영국 격언

수학 분야에서 세계적으로 명성을 떨친 일본의 기쿠치 박사가 젊은 시절 영국의 옥스퍼드 대학에서 유학하던 때의 일이다. 당시 동양인이 외국에서 유학한다는 것은 매우 드문 일로 기쿠치는 옥스퍼드에서 유일한 동양인이었다.

입학한 지 얼마 안 되어 기쿠치는 학교 안에서 모르는 사람이 없을 정도로 유명해졌다. 시험이 있을 때마다 항상 1등을 놓치지 않았던 것이다. 그 일로 영국 학생들의 자존심은 꺾여버렸다. 기쿠치 다음으로 2등을 하던 브라운이라는 영국 학생의 마음은 더욱 안타까웠다.

학기말 시험을 얼마 앞둔 날이었다. 기쿠치는 독감을 앓게 되어 며칠 학교를 쉬어야만 했다. 이 사실이 학교에 퍼지자 영국 학생들은 이 기회에 브라운이 1등을 할 수 있게 되었다며 좋아했다. 몇몇의 친구들은 브라운을 찾아가 용기를 북돋워주었다.

"브라운 잘해! 그 원숭이같이 작은 녀석을 보기 좋게 꺾어주라고!"

브라운은 씽긋 웃어 보일 뿐이었다.

기말시험날이었다. 기쿠치는 핼쑥해진 얼굴로 학교에 나왔다. 영국

학생들의 비웃는 듯한 눈초리를 받으며 기쿠치는 시험을 치렀다. 며칠 뒤 학교 게시판에 성적이 발표되었다. 와글와글 모여 있는 학생들 틈에 누군가가 실망스런 목소리로 외쳤다.

"이런, 또 기쿠치가 1등이야!"

브라운이 1등을 할 것이라던 철석같은 믿음이 깨진 것이다. 그때 기쿠치가 게시판 근처로 걸어왔다. 어안이 벙벙해진 영국 학생들이 한 걸음 물러섰다. 기쿠치가 서투른 영어로 말했다.

"내가 병석에 있으면서도 수석을 할 수 있었던 것은 모두 브라운 덕분입니다. 브라운은 매일매일 내 방을 찾아와 교수님과 똑같은 강의를 해주었습니다."

배려

독일의 낭만주의 작곡가이자 피아니스트인 요하네스 브람스의 아버지는 호른과 더블베이스를 연주하는 유랑 악사였다. 넉넉지 않은 형편임에도 어린 아들에게 처음으로 피아노를 가르쳐주었고 훌륭한 작곡가가 되기 위한 바탕을 마련해주었다. 그리고 아버지는 브람스가 세상에 널리 알려진 뒤에도 자신이 직접 연주해서 번 돈으로 생활했다. 그러나 아버지의 형편은 예전보다 특별히 나아진 것이 없었다.

브람스는 아버지에게 몇 번이나 용돈을 드리려고 했지만 자존심이 강한 아버지는 좀처럼 받지 않으셨다. 그래서 브람스는 아버지를 돕고 싶을 때면 아버지가 혹시 기분이 상하지나 않을까를 먼저 염려해야 했다.

연주를 위해 세계 곳곳을 여행하던 브람스는 오랜만에 아버지를 찾아갔다. 아버지는 여전히 자신의 힘으로 생활을 꾸려나가고 있었다. 브람스는 안타까운 마음이 들었지만 겉으로 표현하지 않고 그동안 나누지 못했던 대화를 주고받았다. 음악에 대해 이런저런 이야기를 나누던 끝에 브람스는 조심스럽게 말을 꺼냈다.

"아버지께서 기운이 없거나 급한 일이 생기실 때, 혹은 용기를 불어넣어 줄 무언가가 필요하다고 느끼실 때 저기 책장에 꽂혀 있는 헨델의 〈사울〉이란 옛 악보를 펼쳐보세요. 아버지께서 필요로 하는 것을 찾으실 수 있을 거예요."

얼마 후 브람스의 아버지에게 어려운 일이 생겼다. 아버지는 혼자 끙끙 앓다가 예전에 아들이 했던 말을 기억해내고 책장에서 낡은 악보를 찾아 펼쳐보았다. 과연 악보 속에는 아들이 말한 대로 그가 필요한 것이 가득 들어 있었다. 아버지는 책장을 넘기며 아들의 이런 세심한 배려에 흐뭇한 미소를 지었다. 브람스는 아버지를 위해 책갈피마다 지폐를 정성스럽게 끼워 놓았던 것이다.

고난의 동행

좌절을 경험한 사람은 자신만의 역사를 갖게 된다. 그리고 인생을 통찰할 수 있
는 지혜를 얻는 길로 들어선다. 강을 거슬러 헤엄치는 사람만이 물결의 세기를
알 수 있다.
– 쇼펜하우어

미국의 유명한 전두사 주지프 위테너가 대학을 다닐 때의 일이다. 그녀는 가정형편이 어려워 늘 아르바이트로 학비를 벌어야 했다. 멀리 떨어진 곳에서 대학을 다니는 오빠가 하나 있었지만 자주 연락하거나 만날 수도 없어 서로의 형편에 대해 거의 모르고 지냈다.

학기가 끝날 무렵 위테너는 일자리를 잃어 기숙사를 나와야 할 형편이 되었다. 그때 편지 한 통이 왔는데, 봉투 안에는 놀랍게도 수표가 들어 있었다.

"보낸 돈 보람 있게 쓰기 바란다. 오빠로부터."

그 뒤로도 위테너는 빵을 살 돈이 없어 배를 곯기도 하고 학비를 제대로 못 내 당황하기도 했다. 그때마다 오빠가 조금씩 돈을 보내와 위기를 넘기곤 했다. 이런 일이 반복되자 위테너는 이상한 생각이 들었다. 후에 위테너는 오빠에게 물었다.

"오빠는 어떻게 내 어려움을 알고 돈을 보냈어요? 우연은 아닌 것 같은데, 내가 어렵다는 걸 어떻게 알았죠? 혹시 누구 연락해주는 사람이

라도 있었나요?"

"그냥 네 생각이 날 때마다 돈을 보냈는데 우연히 그 시기가 맞아 떨어졌나 보구나. 실은 내가 굉장히 어려울 때마다 너를 생각했다. 내 처지가 이렇게 어려우면 내 동생도 어렵겠구나 하고 말이야. 내가 돈에 쫓길 때마다 너에게 돈을 조금이라도 보내려고 했던 것뿐이야."

생명을 구한 작은 관심

누구나 위대한 사람이 될 수 있다. 왜냐하면 누구나 남에게 필요한 존재가 될 수 있기 때문이다. 대학을 가고 학위를 따야만 남에게 필요한 존재가 되는 것은 아니다. 학식 있고 잘나야만 그렇게 할 수 있는 것도 아니다. 사랑으로 가득한 가슴만 있으면 된다. 영혼은 사랑으로 성장하는 것이다.

마크는 어느 날 학교 수업을 끝내고 집으로 돌아오는 길에 앞서가던 한 소년이 발을 헛디뎌 넘어지는 것을 목격하게 되었다. 그 바람에 소년이 들고 있던 책이며 두 벌의 스웨터, 야구 글러브와 방망이, 작은 카세트 녹음기가 길바닥에 흩어졌다.

마크는 달려가서 소년이 무릎을 꿇고 흩어진 물건들을 줍는 것을 도와주었다. 집으로 가는 방향이 같았기 때문에 마크는 소년의 짐을 나눠 들었다. 소년과 함께 걸어가면서 마크는 소년의 이름이 빌이라는 것을 알았다. 또한 그가 비디오 게임과 야구와 역사 과목을 좋아하며 다른 과목들은 점수가 형편없다는 것과 얼마 전에 여자 친구와 헤어졌다는 사실도 알게 되었다. 두 사람은 먼저 빌의 집에 들렀다. 마크는 콜

라를 대접받고 빌과 함께 텔레비전을 시청했다. 잠깐씩 대화를 나누기도 하고 웃기도 하면서 오후 시간을 즐겁게 보낸 뒤 마크는 집으로 돌아왔다. 그 후 그들은 학교에서 곧잘 마주쳤으며 이따금 점심을 함께 먹기도 했다. 중학교를 졸업한 두 사람은 같은 고등학교에 진학했고 그 후에도 몇 차례 만남을 가졌다. 마침내 고등학교를 졸업할 무렵이 되었을 때 졸업을 3주일 앞둔 어느 날 빌이 마크에게 대화를 청했다. 빌은 여러 해 전 그들이 처음 만났던 때를 상기시키면서 마크에게 다음과 같은 이야기를 했다.

"그날 내가 왜 그 많은 물건들을 집으로 가지고 갔는지 넌 궁금하지 않았니? 그때 나는 내 사물함에 있는 물건들을 전부 갖고 왔던 거야. 내 잡동사니들을 다른 사람들에게 남겨두고 싶지 않았거든. 난 어머니가 복용하는 수면제를 훔쳐 한 움큼 모아놓았고 그날 집으로 돌아가면 자살을 할 결심이었어. 그런데 너와 함께 웃고 이야기하는 사이에 만약 자살을 했다면 이런 순간을 갖지 못했을 것이고 앞으로도 다른 순간들을 갖지 못할 것이라는 생각이 들었어. 마크, 네가 그날 길바닥에 떨어진 내 책들을 주워주었을 때 넌 실로 큰일을 한 거야. 넌 내 생명을 구했어."

동정의 대가

예절과 타인에 대한 배려는 동전을 투자하고 지폐를 돌려받는 것과 같다.
– 토머스 소웰

사람이 사람을 아끼는 마음은 무엇보다도 따뜻한 배려에서 나온다. 자신의 삶도 힘겨운데 다른 사람을 위해 특별한 배려를 베푼다는 것은 사람이기에 가능한 것이다. 행복한 사회를 만드는 것은 사람을 아끼는 따뜻한 마음에서 시작된다고 할 수 있다.

어느 음식점에서 있었던 일이다. 프랑스의 화가가 식사를 하다 말고 머리가 희끗희끗한 노신사를 유심히 바라보고 있었다.

"여보시오, 내가 뭐 잘못한 일이라도 있소? 왜 그렇게 날 쳐다보시오?"

"아, 아닙니다. 실은 제가 그리려고 하는 그림의 모델을 찾고 있는데 선생님이 바로……."

"그래요? 그렇다면 참 영광이군요. 그런데 선생께서는 어떤 그림을 그리려고 그러시오?"

"예, 죄송스럽지만 '불쌍한 거지'의 모습을 그리려고 합니다. 그러니 저의 모델이 되어주실 수 있는지요?"

　화가가 노신사에게 거지의 모델이 되어달라고 하자 주위 사람 모두가 깜짝 놀랐다. 바로 그 노신사는 당시 프랑스를 주름잡던 제임스 로스필드 남작이었기 때문이다. 그러나 남작은 아무렇지도 않다는 듯 빙그레 웃으며 자기가 화가의 모델이 되어주겠다고 하였다.

　며칠 후 남작은 화가의 요구대로 누더기 옷을 입고 남루한 모습으로 화가 앞에 섰다. 이제 남작은 누가 보아도 아주 불쌍한 거지와 다름이 없었다. 그때 마침 화가의 뒷바라지를 해주는 젊은이 한 사람이 들어와 불쌍한 거지꼴을 한 남작을 보더니 눈물을 흘렸다. 그는 주머니에서 동전 몇 닢을 꺼내어 남작의 손에 쥐어주고는 밖으로 나갔다.

　"저 젊은이는 뉘시오?"

　"제 밑에서 그림을 배우는 화가 지망생인데 아주 가난하여 도화지나 그림물감도 제대로 사지 못해 쩔쩔맬 때가 한두 번이 아닌 친구랍니다."

　화가의 말을 들은 남작은 젊은이가 가난하지만 동정심이 아주 많은 사람이라고 생각했다. 얼마 후 화가 지망생인 젊은이는 낯모르는 사람한테 한 통의 편지를 받았다.

　"고맙소, 젊은이. 당신이 나에게 베푼 동전 몇 닢이 10만 프랑이 되어 돌아갑니다. 부디 열심히 노력하여 꼭 훌륭한 화가가 되시오."

　편지 속에는 제임스 로스필드의 격려 글과 함께 장학금으로 10만 프랑이라는 큰돈이 들어 있었다.

루즈벨트의 사려

사랑은 오직 사랑을 선물할 뿐이다. 그리고 사랑만이 그 대가로 받을 수 있는
유일한 것이다.
– 그라시안

　　　　　　　　　　　　　　　루즈벨트 대통령은 아주 위대한 대
통령으로 기억되고 있다. 심지어는 백악관의 시종들조차도 그를 사랑
했다. 어느 날 백악관의 시종인 제임스 아모스의 아내가 우연히 대통
령과 대회를 하다가 자기는 메추라기를 한 번도 본적이 없다고 말했
다. 그러자 루즈벨트 대통령은 그녀들 위해 메추라기에 대해 자세히
설명을 해주었다.

　어느 날 밤이 깊어갈 무렵 아모스의 집(백악관 내에 위치)으로 전화
가 왔다. 대통령의 긴급한 전화라는 것을 알고 그는 매우 긴장하며 전
화를 받았다.

　"아, 자넨가? 지금 백악관 뒤 정원에 메추라기가 앉아 있으니 어서
부인과 함께 나가보게. 아, 글쎄 자네 부인이 메추라기를 본 적이 없다
고 하지 않는가."

　미합중국 대통령은 그렇게 전화를 끊었다.

　어느덧 시간이 흘러 루즈벨트가 대통령직에서 물러나고 민간인의 자
격으로 백악관에 들른 적이 있었다. 백악관 뜰을 거닐며 정원사나 청

소부와 마주칠 때마다 그는 옛날에 데리고 있던 그들의 이름을 부르며 반가워했다.

"어이, 애니. 잘 있었나, 제임스?"

특히 주방 하녀인 앨리스를 만났을 때 그녀에게 물었다.

"앨리스, 아직도 옥수수빵을 만드나?"

그녀는 시종들을 위해서만 만들지 요즘 윗분들은 드시지 않는다고 말했다.

"아니, 이런. 그 사람들은 진짜 맛을 모르는군. 내가 태프트 대통령을 만나면 말해주지. 자네가 만든 옥수수빵이 있으면 몇 개 주게, 앨리스."

그는 그 빵을 받아들고 천천히 뜯어먹으며 말했다

"앨리스, 난 자네가 이 세상에서 가장 빵을 맛있게 만든다고 말하고 싶네. 수고하게."

앨리스는 눈물을 흘리며 그 노신사를 바라보고 있었다.

신발 한 짝

아름다움은 내부의 생명으로부터 나오는 빛이다.
– 헬렌 켈러

막 출발하려는 기차에 간디가 올라 탔다. 그 순간 신발 한 짝이 벗겨져 플랫폼 바닥에 떨어졌다. 기차가 이미 움직이고 있었기 때문에 간디는 신발을 주울 수 없었다. 그러자 간디는 얼른 나머지 신발 한 짝을 벗어 그 옆에 떨어뜨렸다. 동행들은 간디의 행동에 놀라지 않을 수 없었다. 이유를 묻는 동행의 질문에 간디는 미소를 지으며 말했다.

"어쩌면 가난한 사람이 바닥에 떨어진 신발 한 짝을 주웠다고 상상해보십시오. 그에게는 그것이 아무런 쓸모가 없을 것입니다. 하지만 이제 나머지 한 짝마저 갖게 되지 않겠습니까?"

세상은 아름다운 생각과 마음을 가진 사람으로 인해 더욱 아름다워진다.

눈에 비친 자비심

미국 북부 버지니아 주에서의 일이다. 어느 몹시 추운 저녁에 한 노인이 강을 건너가기 위해 기다리고 있었다. 강은 무릎 정도의 깊이였지만 군데군데 얼어서 함부로 건널 수가 없었다.

혹독한 추위 때문에 노인의 수염이 고드름처럼 얼어서 반짝였다. 춥고 지루한 기다림이 계속되었다. 살을 에는 듯한 북풍한설 속에서 노인의 몸은 점점 뻣뻣하게 얼어갔다. 그때 노인은 얼어붙은 길 저편을 질주해오는 희미한 말발굽 소리를 들었다. 일정한 간격으로 말을 탄 사람들이 달려오고 있었다. 말을 얻어 타면 쉽게 강을 건널 수 있을 것 같았다. 노인은 초조해하며 몇 명의 신사들이 말을 타고 모퉁이를 돌아오는 것을 지켜보았다.

하지만 첫 번째 사람이 앞을 지나가는 데도 노인은 도움을 청하려는 아무런 손짓도 시도하지 않았다. 두 번째 사람이 지나가고 이어서 세 번째 사람이 지나갔다. 노인은 계속해서 가만히 서 있기만 했다. 마침내 마지막 사람이 눈사람처럼 서 있는 노인 앞으로 말을 타고 다가왔다. 이 신사가 가까이 오자 노인은 그의 눈을 바라보며 말했다.

"선생님, 이 노인을 강 건너까지 태워다주시겠습니까? 걸어서는 건너갈 수가 없군요."

말의 고삐를 늦추며 그 사람이 말했다

"좋습니다. 그렇게 하지요. 어서 올라타세요."

몸이 얼어서 제대로 움직이지 못한다는 걸 알고 그 신사는 말에서 내려 노인이 말에 올라타는 것을 도와주었다. 그리고 노인을 강 건너로 데려다주었을 뿐만 아니라 노인이 가고자 하는 몇 킬로미터 떨어진 목적지까지 태워다주었다. 작고 안락한 노인의 오두막에 도착했을 때 말에 탄 신사가 호기심에 차서 물었다.

"노인장, 어르신은 다른 사람들이 말을 타고 지나갈 때는 아무런 부탁을 하지 않았습니다. 그런데 제가 가까이 가자 얼른 태워달라고 했습니다. 그것이 무척 궁금하군요. 이토록 추운 겨울날 밤에 어르신은 왜 계속 기다렸다가 맨 마지막에 오는 저에게 말을 태워달라고 부탁했나요? 만일 제가 거절했다면 어르신은 그곳에 그냥 남겨졌을 것 아닙니까?"

노인은 천천히 말에서 내린 뒤 그 사람의 눈을 똑바로 쳐다보며 말했다.

"나는 이 지방에서 오랫동안 살았습니다. 그래서 사람들을 잘 안다고 믿고 있지요."

노인은 계속해서 말했다.

"나는 말을 타고 오는 다른 사람들의 눈을 보았습니다. 그리고 그들이 내 처지에 아무런 관심이 없다는 것을 알았습니다. 따라서 그들에게 태워달라고 부탁하는 것은 소용없는 일이었습니다. 하지만 당신의 눈을 보았을 때 나는 친절과 자비심이 비친 것을 분명히 보았습니다. 그때 알았습니다. 당신의 따뜻한 마음이 곤경에 처한 나를 도와주리라는 걸 말입니다."

그 신사는 노인의 말에 깊은 감동을 받았다. 그는 노인에게 말했다.

"어르신께서 해주신 말씀에 깊은 감사를 드립니다. 앞으로도 제 자신의 생각에 열중하느라 다른 사람들의 불행한 처지를 망각하는 그런 잘못을 저지르지 않도록 노력하겠습니다."

그렇게 말한 미국 제3대 대통령 토마스 제퍼슨은 말을 몰고 백악관으로 향했다.

운명을 바꾼 책 한 권

하늘은 필요할 때마다 은혜를 베푼다.
신속히 이것을 포착하는 사람은 운명을 개척한다.
- 괴테

　　　　　　　지금부터 약 90여 년 전에 영국에서
일어난 일이다. 한 시골 소년이 런던의 어느 큰 교회를 찾아갔다. 소년
은 집이 몹시 가난해 더 이상 공부를 할 수 없게 되자 교회의 도서관에
서 잔심부름을 하며 그나마 공부도 하고 책도 읽으려고 무작정 올라온
것이었다.

　소년은 목사가 외출하고 없자 대기실에서 기다렸다. 소년의 등 뒤에
는 수많은 책들로 가득했다. 그것을 바라보는 소년의 눈은 반짝반짝
빛났다. 흥분한 소년은 책을 둘러보다가 두껍게 먼지가 쌓인 책 한 권
을 한쪽 구석에서 발견했다. 볼품이 없는 그 책은 아무도 펼쳐보지 않
은 듯했다.

　소년은 먼지라도 털 생각으로 책을 꺼냈다가 차츰 그 내용에 빨려들
게 되었다. 그 책은 〈페브리에의 동물학〉이었다. 소년은 서서 그 책을
열심히 읽었다, 마침내 마지막 장을 읽었을 때 뒷장에 이런 메모가 남
겨져 있었다.

　"이 책을 끝까지 읽어주셔서 고맙습니다. 이제 곧 런던 법원으로 가

서 1136호의 서류를 가져가십시오."

어리둥절한 소년은 곧장 법원으로 달려가 서류를 받았다. 그런데 놀랍게도 그 서류에는 소년에게 400만 파운드의 유산을 상속한다는 내용이 적혀 있었다. 소년은 눈을 비비며 다시금 꼼꼼히 서류를 읽어보았다.

"이것은 나의 유언장입니다. 당신은 나의 저서를 처음으로 읽어주신 분입니다. 나는 평생을 바쳐 동물학을 연구하고 책을 썼지만 아무도 관심을 가져주지 않았습니다. 그래서 한 권의 책만 런던에서 가장 오래된 교회 도서관에 기증하고 나머지 책은 모두 불살랐습니다. 당신이 내 유일한 저서를 읽어주셨니 내 전 재산을 드리겠습니다."

그 사건은 영국에서 큰 화제가 되었다. 모두들 엄청난 유산에 관심이 쏠렸다. 소년은 페브리에의 뜻을 기려 영국 전역에 도서관을 세웠다. 그리고 좋은 책을 보급하는데 힘썼으며 가난한 사람들을 도우며 평생을 보냈다. 책 한 권이 소년에게 놀라운 행운과 변화를 가져온 것이다.

2

사랑 , 어디에서 피어나도 모두에게 꽃이 되는 그 이름

사랑이란 슬픔 속에서도 의연하게 이해하고 미소 지을 수 있는 능력을 말한다.

슈바이처의 아내

실력 있는 오르간 연주자이며 신학
교수였던 슈바이처는 여행 중에 우연히 벌거벗은 흑인상을 보고서 남
은 생애를 밀림의 불쌍한 원주민들을 위해 살겠다고 결심했다. 그래서
그는 그를 아끼는 주위 사람들의 충고도 외면한 채 의과대학에 입학했
다.

하지만 5년 뒤 의사가 된 후 헬레네와 사랑에 빠지자 지인들은 그가
사랑 때문에 그동안 계획해왔던 아프리카행을 포기할 것이라고 생각
하며 안도의 한숨을 내쉬었다. 마침내 슈바이처는 사랑하는 헬레네와
자신의 결심 앞에서 고민하기 시작했다. 그는 그녀와의 만남을 피하고
방황했다. 슈바이처가 자신 때문에 고심하고 있다는 사실을 알게 된
헬레네가 어느 날 그를 찾아왔다.

슈바이처는 헬레네를 한동안 바라보다가 결심이 선 듯 단호하게 말
했다.

"나는 누구보다도 당신을 사랑하지만 오랫동안 계획해왔던 아프리
카 원주민들을 돕는 의사의 꿈도 버릴 수 없소. 당신의 남은 생애를 밀

림 속에서 나와 함께할 수 있겠소? 만일 당신이 나의 청혼을 받아들일 수 없다고 해도 당신을 원망하지 않을 거요.”

헬레네는 슈바이처의 얼굴을 물끄러미 바라보았다. 그의 핼쑥해진 모습에서 그동안 얼마나 많이 고민했는지 알 수 있었다. 헬레네는 사랑하는 슈바이처의 얼굴을 바라보며 생긋 웃었다. 그리고 그의 손을 잡으며 말했다.

“그동안 왜 혼자서만 그렇게 많은 고민을 하셨나요. 저도 정식으로 간호 교육을 받은 사람이에요. 간호사인 저 없이 당신 혼자 그 일을 해낼 수 있다고 생각하셨나요?”

헬레네는 아프리카의 원주민들을 위한 간호사이자 슈바이처의 아내로서 평생을 살았다.

죽음까지 동행한 형제애

형제는 하늘이 내려주신 선물이다.
- 속담

빈센트와 그의 동생 테오의 묘는 나란히 놓여 있다. 이 형제의 묘는 살아 있는 동안 이들이 나누었을 형제애가 어떠했는지를 잘 보여준다. 빈센트의 그림은 너무 독특해서 아무도 인정해주지 않았지만 동생은 형의 재능을 알고 있었다. 테오는 화방에서 일해 번 돈으로 형이 그림을 그릴 수 있도록 생활비를 대주고 형이 아플 때면 모든 일을 제쳐놓고 돌보았다.

테오가 그토록 헌신적인 사랑을 베푼 이유는 형에게서 맑고 순수한 영혼을 발견할 수 있었기 때문이다. 자신은 예술가의 그림을 파는 장사꾼에 지나지 않지만 형은 예술을 하는 사람이라고 믿었다. 그래서 형의 그림을 보고 예술에 대해 이야기하면서 행복을 느낄 수 있었다.

테오가 형을 얼마나 존경했는지는 자기 아들의 이름을 빈센트라고 지은 데서도 잘 알 수 있다. 헌신적인 삶을 살았던 테오는 형이 37세의 나이로 세상을 떠난 뒤 형의 작품을 세상에 알리는 일을 하다가 여섯 달 만에 뒤를 따라 세상을 떠났다. 삶을 함께했던 형제는 죽음마저 함께한 것이다.

바흐와 형

운명은 우리 행위의 절반을 지배하고 다른 절반을 우리에게 양보한다.
– 마키아벨리

좁은 다락방으로 달빛이 환하게 비치는 깊은 밤에 소년 바흐는 조바심을 내면서 악보를 베끼고 있었다.

"며칠만 더하면 다 베낄 수 있겠구나."

바흐는 자못 만족스러운 표정으로 악보를 바라보았다.

"여기서 뭘 하는 거냐?"

언제 왔는지 형 크리스토프의 화난 음성이 들리자 화들짝 놀란 바흐는 급히 그 악보들을 숨기려 했다. 하지만 악보는 이미 형의 손으로 넘어가고 말았다.

"형의 악보를 베끼다니. 너, 도대체 언제부터 이런 짓을 해온 거니?"

바흐는 고개를 숙인 채 어쩔 줄을 올랐다. 바흐는 그 지방에서 유명한 음악가인 형이 그동안 책장에 모아둔 진귀한 악보들을 몰래 꺼내 베끼고는 눈치 채지 못하도록 제자리에 가져다놓곤 했었다.

"형, 미안해요. 반 년쯤 됐을 거예요. 이제 다 되어 가는데……."

"뭐라고? 그렇게 오래? 어쩐지 이상하다 했더니. 너, 이 형이 그 악보들을 얼마나 아끼는지 모르진 않겠지?"

"형, 용서해주세요. 나도 형과 같은 훌륭한 음악가가 되고 싶었을 뿐
이에요."

바흐는 마침내 울음을 터뜨렸다. 그러자 형이 바흐의 어깨를 감싸며
말했다.

"바흐야, 남의 악보를 베끼는 것은 나쁜 일이란다. 이 악보들은 형이
보관해두겠다. 스스로 창조하려고 노력하지 않는다면 훌륭한 음악가
가 될 수 없어. 넌 반드시 훌륭한 음악가가 될 거야. 형이 네 꿈을 이루
도록 도와주마."

형의 격려를 가슴 깊이 새긴 소년 바흐는 그날따라 유난히 밝은 달빛
을 보며 앞으로 훌륭한 음악가가 되겠다는 다짐을 하고 잠자리에 들었
다.

아내가 없으면 철학도 없다

사랑은 죽음보다도, 죽음의 공포보다도 강하다. 단지 사랑에 의해서만 인생은
주어지고 계속 진보한다.
– 투르게네프

　　　　　독일의 실존철학자 야스퍼스는 하이
델베르크 대학을 다니던 때에 아내인 게르투르트 마이어를 만났다. 그
야말로 운명의 끈으로 묶인 듯 두 사람은 첫눈에 이끌려 결 혼했다. 얼
마 뒤 야스퍼스는 모교에서 철학과 심리학을 가르치는 정교수가 되었
다. 철학사상의 싹을 다듬는 데 몰두한 야스퍼스와 이를 지켜보는 아
내 게르투르트에게는 행복한 나날이 끝없이 계속되는 듯했다.

　그러나 1933년 나치가 정권을 잡으면서 두 사람에게 시련이 닥치기
시작했다. 게르투르트가 유태인이었기 때문이다. 야스퍼스는 아내와
대학교수직 가운데 하나를 선택하라는 나라의 명령을 받았다. 영광스
러운 독일의 대학에서 일하고 싶으면 이혼하라는 것이었다. 그때 야스
퍼스는 단호하게 말했다,

　"아내는 내 철학의 모든 것입니다. 아내 없이는 내 철학도 없습니
다."

　그는 아내를 선택하고 교수직을 떠났지만 일은 거기서 그치지 않았
다. 독일에서 강의나 저작활동이 금지되고 여행도 자유롭게 할 수 없

게 된 것이다. 이쯤 되자 야스퍼스도 다른 나라로 망명할 결심을 했다. 친구들의 도움으로 어렵게 스위스 여행을 허락받았지만 나치는 게르투르트가 독일에 남아 있어야 한다는 조건을 달았다.

야스퍼스는 망명의 기회를 포기하면서 아내와 함께 남기로 결심했다. 이때부터 나치 독일이 항복할 때까지 8년의 세월 동안 야스퍼스는 언제 비밀경찰이 아내를 데리러 올지, 수용소로 끌려갈지 몰랐기 때문에 계단의 구두 소리 하나에도 온 신경을 집중하며 아내 곁에 그림자처럼 붙어 있었다.

다행스럽게도 그녀는 난을 피할 수 있었다. 야스퍼스의 아내라는 점이 비밀경찰의 연행을 막았다. 만약 두 번이나 있었던 양자택일의 시기에 아내를 버렸다면 그는 사랑하는 아내도 철학도 잃었을 것이다.

칼라일의 저술들

역사학자 토마스 칼라일과 제인 웰슈의 결혼식 날 식장에 모인 하객들은 그들을 쳐다보며 수군대고 있었다.

유복한 의사의 딸로 미모뿐 아니라 뛰어난 재능을 겸비한 제인에 비해 칼라일은 모든 것에서 뒤졌다. 그들은 제인이 촌스럽고 둔한 외모에 성격마저 무뚝뚝하고 편협하기로 소문난 칼라일보다 몇 배 더 훌륭한 배우자를 고를 수 있었다고 생각했다.

비상한 머리를 가졌지만 아무런 장래성이 보장되지 않아 가난과 외로움에 허덕여야 했던 칼라일을 남편으로 맞은 제인은 곧 바로 스코틀랜드의 한적한 시골로 이사를 했다. 남편이 방해를 받지 않고 오직 집필에만 전념할 수 있도록 하기 위해서였다. 그녀는 옷도 손수 만들었고 농사도 직접 지어야 했다. 또한 위장병으로 고생하는 남편을 간호하고 늘 우울해하는 남편의 마음을 밝게 하려고 애썼다.

그러는 동안 칼라일의 저술들은 학계의 관심을 끌기 시작했다. 많은 사람들이 칼라일이 결혼한 후에 무언가 달라졌을 것이라고 생각하고 집을 들락거렸다. 그러나 칼라일은 여전히 무뚝뚝하고 자기주장을 꺾을 줄 몰랐다. 다만 그의 아내 제인이 친절하게 손님을 맞는다는 것만이 달라졌을 뿐이었다.

저런 남편과 어떻게 살아왔을까? 말 많은 부인들이 쑥덕거렸지만 제인은 잠자코 있었다.

그녀는 마음속으로 중얼거렸다.

'나는 남편의 있는 그대로의 모습을 좋아할 뿐입니다. 여러분도 내 남편의 있는 그대로를 받아들여주세요!'

제인의 믿음은 칼라일을 그저 인품 좋은 학자로 만들지 않았다. 칼라일의 뛰어난 저술들은 자신의 주장과 고집을 꺾을 줄 몰랐던 독특한 성격과 인내의 결과였던 것이다.

마음의 병을 고치는 의사

서른이 갓 넘은 한 젊은이가 자선학교를 열어 가난한 아이들과 고아들을 모아 기르며 공부를 가르쳤다. 어느 추운 겨울날 말썽도 가장 많이 피우고 성격도 거친 한 소년이 없어졌다. 온 동네를 돌아다니며 소년을 애타게 찾는 그를 보고 동네 사람들은 도둑질이나 하고 말썽만 많이 일으킬 아이를 찾아서 무슨 소용이 있느냐며 오히려 혀를 찼다.

그러나 며칠이 지나자 마을 사람들도 하나 둘 그를 도와 소년을 찾기 시작했고 결국 마을의 낡은 창고에서 마른 풀 더미에 웅크리고 잠든 소년을 발견했다. 젊은이는 외투를 벗어 소년의 몸에 덮어주고 소년을 껴안았다.

그러자 따뜻한 온기를 느낀 소년은 그의 가슴으로 파고들면서 '엄마!' 하고 잠꼬대를 하는 것이었다. 그 모습을 숨죽이고 지켜보던 마을 사람들에게 젊은이는 소년이 잠에서 깨지 않게 작은 목소리로 말했다.

"아버지가 병으로 돌아가시기 전에 어린 저는 아버지에게 의사이면서 왜 자신의 병은 못 고치냐고 투정을 부렸습니다. 그때 아버지는 '그

래, 나는 온 스위스 사람들의 병을 고쳐주려고 생각했단다. 그러나 사람의 몸을 아프게 하는 병보다도 사람의 마음을 괴롭히는 병을 고치는 사람이 되었더라면 더 좋을 뻔했다. 아들아, 너는 이다음에 사람들의 마음의 병을 고치는 의사가 되어라.' 라고 하셨습니다. 이것이 아버지가 말씀하신 마음의 병을 고치는 것인지는 잘 모르겠지만 저는 이 소년의 마음을 사랑으로 고치려고 합니다."

그 뒤 자선학교로 다시 돌아온 소년은 누구보다도 착한 아이가 되었다. 사랑의 힘으로 소년을 구했던 젊은이가 바로 훗날 가난한 아이들과 고아들의 아버지로 불린 페스탈로치이다.

친구의 의미

독일의 유명한 화가인 뒤러는 어려서부터 그림을 그리고 싶었다. 그는 유명한 화가에게 가르침을 받으려고 집을 나섰다. 그곳에서 자기와 똑같은 생각을 지닌 젊은 이프란츠를 만나 둘은 절친한 친구가 되었다. 그들은 가난했기 때문에 그림공부와 생활을 겸하기가 매우 어려웠다.

프란츠는 자기가 먼저 일을 하겠노라고 하며 뒤러에게 먼저 그림공부를 하라고 했다. 처음에 뒤러는 그럴 수 없노라고 단호히 거절했지만 워낙 진심으로 권하여 하는 수 없이 그의 제의를 받아들였고 그림공부에만 전념할 수 있었다.

마침내 뒤러의 나무 조각 작품이 팔리는 날이 왔다. 그런데 친구가 그의 화실로 찾아왔을 때 뒤러는 그간의 힘든 노동으로 인해 친구의 손가락이 휘고 굳어져 더 이상 그림을 그릴 수가 없게 되었음을 알게 되었다.

뒤러는 친구의 손을 매만지며 커다란 슬픔에 잠겼다. 어느 날 뒤러는 친구가 거칠고 굵어진 두 손을 마주잡고 기도하고 있는 모습을 발견하

였다. 순간 너무나 벅찬 감동을 느꼈다.

"아, 저 손을 그리자. 그래서 온 세상에 나의 감사하는 마음을 보여주자."

친구에 대한 고마운 마음을 담아 그린 그림이 바로 뒤러의 〈기도하는 손〉이다.

친구란 인간에게 얼마나 귀중한 존재인가. 친구가 없는 사람은 인생을 잘못 살아온 사람일 것이고 지금도 잘못 살고 있는 사람임에 틀림없다. 친구를 보면 그 사람을 알 수 있다고 한다. 친구란 바로 그 사람의 바로미터이기 때문이다.

가족을 위한 조언

사랑이란 슬픔 속에서도 의연하게 이해하고 미소 지을 수 있는 능력을 말한다.
– 헤세

테레사 수녀는 종종 사람들에게 예기치 않은 조언을 들려주곤 했다. 한번은 교사 직업을 가진 미국인들이 캘커타로 테레사 수녀를 방문했다. 그들은 수녀에게 가족을 위한 몇 가지 조언을 들려달라고 부탁했다.

테레사 수녀는 그들에게 말했다.

"여러분들의 아내에게 미소를 지으세요. 여러분들의 남편에게도 미소를 지으세요."

그 조언이 너무도 단순하다고 느낀 사람 하나가 물었다.

"수녀님도 결혼을 하셨나요?"

테레사 수녀가 놀랍게도 고개를 끄덕이며 대답했다

"물론입니다. 나도 결혼을 했지요. 그리고 나 역시 예수님께 미소를 짓는 것이 때로는 무척 어렵다는 걸 잘 압니다. 왜냐하면 그분은 너무 요구하는 것이 많으니까요."

주홍 글씨의 탄생

착한 아내와 건강은 남자의 가장 훌륭한 재산이다.
- C. H. 스퍼전

절망과 희망은 원래 한 몸이다. 앞으로 다가오면 희망이고 뒤로 다가오면 절망인 것이다. 결코 희망과 절망은 분리될 수가 없다. 희망이 가득하다고 경솔해서는 안 되며 절망적이라고 포기해서도 안 된다.

너새니얼 호손이 근무처인 세일렘 세관에서 면직되었다. 낙망하여 돌아온 그는 아내에게 이 비참한 사실을 알렸다. 묵묵히 듣고 있던 아내는 아무 말 없이 펜과 잉크와 종이를 남편 앞에 갖다놓으며 말하는 것이었다.

"이제는 당신이 마음 놓고 글을 쓸 수 있게 되었어요."

아내의 격려를 받고 용기를 얻은 호손은 심혈을 기울여 글을 썼다. 호손이 글을 쓰기 위해 집안에 들어앉은 다음부터 집안 형편은 기울기 시작했다. 하지만 남편에게 마음의 짐이 될까 걱정이 된 호손의 아내는 전혀 내색을 하지 않았다. 물론 말로 하지 않는다고 해서 호손이 모르는 것은 아니었다. 알면서도 어떤 말도 할 수가 없었다. 어려운 가정을 꾸려가는 아내에게 마안했기 때문이다.

미안한 마음이 들면 들수록 호손은 더욱 원고지 속으로 빠져들었다. 자신이 가지고 있는 실력과 영혼을 쏟아부으며 소설을 써 내려갔다. 그리하여 마침내 《주홍 글씨》라는 불후의 명작을 탄생시켰다. 《주홍 글씨》를 읽은 사람들은 말한다. 호손이 얼마나 위대한 소설가인가를 말이다. 그러나 《주홍 글씨》라는 훌륭한 작품은 호손의 손을 빌어 호손의 아내가 쓴 것이나 다름없다.

위대한 물리학자의 내조

사랑은 모든 것을 이긴다.
- 힐티

　　　　　　　　사랑은 힘이 세다. 무엇이든 못 하는 것이 없고 할 수 없는 것이 없다. 사람이 사랑을 받는다는 것은 세상을 바꿀 수 있는 힘을 가지게 된다는 것이다.

상대성 원리를 발견한 이론 물리학자 아인슈타인은 사촌 누이인 엘리자와 결혼했다.

엘리자는 남편이 어려운 일을 해내는 데에는 다른 무엇보다도 마음의 평화가 깃들어야 함을 알았다. 그래서 좋지 않은 집안 형편을 가지고 남편을 괴롭히지 않으려고 애썼다. 남편의 명성이 높아지자 수많은 사람들이 찾아왔지만 이들을 정중히 돌려보내 연구를 계속할 수 있는 환경을 만들어주었다. 그녀는 잡다한 집안일로 인해서 단 한 번도 남편을 괴롭히지 않았다.

남편의 서재를 진한 풀색으로 칠하고 안방은 연한 노란색으로 꾸며 안정감을 갖도록 했다.

엘리자는 음악을 좋아했기 때문에 바이올린과 피아노에 도취한 남편을 언제나 기쁘게 해주었다. 그녀는 때로는 어머니, 때로는 비서, 때로는 보호자가 되기도 했다. 아인슈타인은 위장이 약했기 때문에 음식은 언제나 그녀가 손수 만들었다.

남편의 책상 위에 놓인 것은 아무리 보잘것없는 종잇조각일지라도 절대로 손을 대지 않았다. 그녀는 과학자의 심경을 잘 알고 있었다. 아인슈타인은 헐렁한 바지에 낡은 스웨터를 걸쳐 입고 애용하는 타자기를 가지고 있는 것이 전부였다. 작은 서재에는 나무 책상과 의자 하나 그리고 산더미 같은 책뿐이었다. 아인슈타인은 세상 물정에는 너무나 어두웠다.

"호주머니에 백 마르크가 들어 있어요. 식사를 꼭 챙겨 드세요."

외출하는 남편에게 꼬박꼬박 용돈을 넣어주었으나 돌아온 남편 주머니에는 돈이 그대로 들어 있었다.

그는 목욕할 때와 면도할 때의 비누를 구별하여 쓴다는 등의 사소한 것도 끝내 모르고 지냈다. 그녀는 이런 아인슈타인을 세심하게 돌보아 주어 오르지 연구 생활에만 몰두하게 했다.

사람들은 21세기의 위대한 물리학자 아이슈타인에 대해서는 많은 말을 하지만 궂은 집안일을 도맡아 하며 아인슈타인을 위대한 물리학자로 만든 엘리자에 대해서는 이야기하지 않는다. 이제는 알아야 한다. 위대한 물리학자 아이슈타인이 존재하는 이유는 그를 사랑하고 평생 돌보아준 아내 엘리자가 있었기 때문이라는 것을.

어머니의 마음

나의 성공은 나의 근면함에 있었다. 나는 평생 단 한 조각의 빵일지라도 결코 앉아서 먹지 않았다.
– 웹스터

　　　　　　호조판서 김좌명 집의 하인 최술은 홀어머니 밑에서 자랐지만 엄격한 가르침과 헌신적인 보살핌으로 어디에 내놔도 빠지지 않을 만큼 훌륭하게 성장했다. 그는 똑똑하고 사리에 밝았으며 학문에도 능통해 김좌명은 그를 아전으로 삼아 중요한 일을 맡겼다.

그런데 하루는 최술의 어머니가 김좌명을 찾아왔다.

"대감님, 구실을 만들어 제 아들놈을 파면시켜주십시오."

"알다가도 모를 일이군. 남들은 벼슬을 시켜달라고 졸라대는데, 자네는 아들의 벼슬을 어찌하여 그만두게 하려는가?"

김좌명은 어이가 없다는 듯이 그녀를 바라보며 물었다. 그러자 그녀는 그럴 사정이 있다며 차근차근 사연을 털어놓았다.

"이 늙은 것이 홀로 되어 모든 희망을 그 아이에게 걸고 살면서 학문의 진전됨을 보는 것이 큰 기쁨이었습니다. 또 대감께서 제 아이를 어여삐 여겨 중한 벼슬을 주시니 그런 영광이 어디 있겠습니까? 하지만 봉록을 받아 쌀밥을 먹게 된 지금 제 마음은 겨밥을 먹던 지난날보다 더 편치 않습니다.”

김좌명이 궁금해 하며 이유를 묻자 그녀는 계속 말을 이었다.

“아직 경험이 부족한 아들놈을 대감께서 중히 써주시니 당연한 줄 여기는 모양입니다. 게다가 이번에 그놈이 어느 부잣집의 사위가 되었는데, 글쎄 처가에서 밥상을 받고는 음식투정을 했다지 뭡니까? 벌써부터 이런 교만한 마음이 생긴 그 녀석을 큰돈 만지는 이 관청에 계속 두었다가는 장차 죄를 저지르고 말지도 모릅니다. 부디 아들놈의 직책을 벗겨 새롭게 눈을 뜨게 해주십시오.”

김좌명은 그녀의 말에 크게 감복하여 최술을 면직시킨 뒤 그가 더욱 학문에 정진하도록 뒤를 봐주었다.

지구는 하나

60년대 미국과 소련은 우주탐사를 위한 경쟁이 아주 치열했다. 그 당시 먼저 우주를 탐사한다는 것은 냉전체제하에 있는 두 강대국의 우열의 문제이자 자존심 문제이기도 했기 때문이다.

1961년 4월 유리 가가린을 태운 소련의 우주선은 지구를 벗어나 우주로 날아갔다. 마침내 소련은 미국을 제치고 세계 최초로 인간을 태운 우주선을 발사시켜 무사히 지구에 착륙한 나라가 되었다.

"러시아는 인간을 태운 우주선을 성공적으로 발사시켰습니다."

방송에서는 이 소식을 세 번씩이나 반복해서 알렸고, 소련의 국가를 흘려보내며 소련과 공산국가들의 우월성을 알렸다. 유리 가가린은 최초의 우주 비행사이자 달을 가장 가까이에서 본 최초의 인물, 지구를 가장 멀리서 본 최초의 인물이 되었다.

우주에서 지구를 보았을 때 그는 소련을 지구의 어떤 부분으로 생각할 수 없었다. '어떤 부분이 아메리카고, 인도이고, 중국이다.' 라는 식의 생각은 할 수 없었던 것이다. 오직 지구 전체가 아름답게 빛날 뿐이었다.

　모스크바로 돌아왔을 때, 여러 언론매체의 기자들은 조국의 위대함을 전 세계에 알린 그에게 물었다

　"우주에서 지구를 보았을 때 당신의 마음속에 제일 먼저 떠오른 생각은 무엇입니까?"

　그는 기자들의 질문 의도를 알고 있었지만 당당하게 자신이 느낀 그대로를 말했다.

　"당신들은 나를 용서해야 할 것입니다. 그 순간에 나는 내가 러시아인이라는 사실을 완전히 잊어버렸습니다. 나는 그저 이렇게 외쳤습니다. '아! 아름다운 지구여!' 이것이 내 마음속에서 나온 최초의 말입니다."

물 한 모금의 사랑

미국 남북전쟁 당시의 후레더릭스벅 전투에서 있었던 일이다. 후레더릭스벅 지역은 작은 땅이었지만 남군과 북군 모두에게 중요한 전략적 위치로 양쪽 군은 그 땅을 차지하기 위해 서로 한 치의 양보도 하지 않았다. 그래서 그만큼 전쟁은 치열했고 많은 사상자가 났다. 후레더릭스벅 지역은 총소리로 뒤덮였고 포탄 연기로 뿌옇게 안개가 내려앉을 정도였다.

그러는 동안 남군 북군 할 것 없이 사망자의 수는 급격히 늘어만 갔다. 부상자들의 신음소리는 점점 커져갔고 그들은 모두 물을 달라고 외쳐댔다. 이를 보다 못한 북군의 한 병사가 대위를 찾아가 말했다.

"대위님, 저들에게 물을 먹이게 해주십시오. 저들의 마지막 소원을 들어주십시오."

그러나 대위는 단호히 거절했다. 상황이 매우 급박하게 돌아가는 데다 빗발치는 총알 속으로 뛰어들었다가는 그 자리에서 목숨을 잃을 것이 분명했기 때문이었다.

"대위님, 제발 허락해주십시오. 저들은 모두 저의 친구들입니다. 총소리는 요란하지만 물을 달라는 소리는 너무나 똑똑하게 들립니다.”

이제 병사는 무릎을 꿇고 대위에게 매달렸다. 대위는 하는 수 없이 허락했다. 병사는 대위의 허락이 떨어지자마자 물 한 동이를 떠서 총알이 빗발치는 곳으로 한 걸음 내딛었다. 총알은 병사의 곁을 쌩쌩 스쳐 지나갔다. 병사는 이에 아랑곳하지 않고 물을 달라는 병사들에게로 다가가 물을 먹이기 시작했다. 적군이고 아군이고 가리지 않고 그는 물을 먹여주었다. 죽어가던 병사들은 그 물을 받아먹고 감사의 눈물을 흘렸다.

병사를 향해 일제히 총을 쏘아대던 남군은 병사가 히는 일을 알아차리고 곧 사격을 멈추었다. 이제 더 이상 총소리는 울리지 않았다. 병사가 죽어가는 이들에게 한 모금의 물을 먹여주며 마지막 위로의 말을 속삭여주는 두 시간여 동안 전쟁은 휴전이 되었다.

가장 소중한 것

다른 사람의 필요를 자기 자신의 필요만큼 소중하게 여기기 시작할 때 사랑은
시작된다.
– 설리반

피츠제럴드는 하나뿐인 자식이 열
살이 갓 넘었을 때 아내를 잃었다. 상심이 컸던 그는 아들에게 더욱 정
성을 쏟았지만 애석하게도 아들마저 병을 앓다가 스무 살이 되기 전에
죽고 말았다. 홀로 된 피츠제럴드는 거장들의 예술작품을 수집하여 그
슬픔을 잊으려 노력했다.

세월이 흘러 피츠제럴드도 병으로 죽게 되었는데, 세상을 떠나기 전
에 재산을 어떻게 처분할 것인가를 유언장에 밝혀두었다. 그는 자신의
모든 소장품을 경매에 올리라고 지시했다. 이 수백만 달러에 달하는
소장품들은 양적으로나 질적으로나 모두 대단한 것들이었으므로 사려
는 사람들이 구름처럼 모여들었다.

예술품들은 경매 전에 관람할 수 있도록 전시되었다. 그런데 그 중에
별로 눈에 띄지 않는 그림 한 점이 있었다. 그것은 지방의 무명 화가가
피츠제럴드의 아들을 그린 〈내 사랑하는 아들〉이라는 제목의 보잘 것
없는 그림이었다. 제일 먼저 경매에 붙여진 것은 바로 그 그림이었다.
하지만 그 그림은 아무도 입찰하려 하지 않았다. 그때 뒷자리에 앉아

있던 초라한 모습의 노인이 손을 들더니 조용히 말했다.

"제가 그 그림을 사면 안 될까요?"

그는 피츠제럴드의 아들을 어릴 때부터 돌보았던 늙은 하인이었다. 그는 자신이 가진 돈을 모두 털어서 그 그림을 샀다. 그런데 그 순간 변호사는 경매를 중지시킨 다음 큰 소리로 피츠제럴드의 유언장을 읽었다.

"누구든지 내 아들의 그림을 사는 이가 모든 소장품을 가질 것입니다. 이 그림을 선택한다면 그는 가장 소중한 것이 무엇인지 아는 사람이니 모든 것을 가질 충분한 자격이 있습니다."

3

의리, 함께 하는 영혼과 영혼의 약속

누구나 약속하기는 쉽다. 그러나 그 약속을 이행하기란 쉬운 일이 아니다.

충실한 하인

독일의 본에 있는 '베토벤의 집'에는 매년 많은 관광객들이 배토벤의 체취를 느끼기 위해 찾아온다. 음악의 대천재가 태어나 22년간의 성장기를 보낸 이 살아 있는 박물관은 아직도 깨끗하고 거의 본래의 모습을 유지하고 있다. 그러나 이 박물관이 그렇게 쉽게 지켜진 것은 아니었다.

1944년, 본 시가지의 하늘은 연합군 폭격기들로 까맣게 뒤덮였다. 사람들을 따라 하쎌바하와 그의 아내 안나도 간신히 방공호로 피신할 수 있었다. 지축이 흔들리는 폭격 소리와 사람들의 비명 소리가 교차되었지만 하쎌바하는 베토벤의 집이 걱정이 되어 견딜 수 없었다. 주위 사람들의 만류에도 불구하고 그는 베토벤의 집으로 달려갔다. 그곳에는 이미 불꽃이 일어나고 있었다.

하쎌바하는 정신없이 불을 끄기 시작했다. 어느새 그의 아내도 나와 물을 날라주었다. 아홉 시간 동안 지하실로부터 위층으로 물통을 날라 불을 끄고 나니 심한 현기증이 일어났다. 그러나 그 순간 베토벤의 말이 하쎌바하의 가슴을 꿰뚫었다.

“용기를 내라! 내 정신은 내가 휘어잡아 이겨내야 한다.”

하쎌바하는 다시 힘을 내 베토벤의 유품을 옮겼다. 책에서부터 가구까지 젖 먹던 힘까지 짜내어 짐을 날랐다. 그리고 베토벤의 유품들이 홀부르크 성의 지하 보관실에 무사히 보관되는 것을 확인한 후 그 자리에 쓰러지고 말았다.

그리고 전쟁이 끝날 무렵에는 미군들에게 이 집을 내줄 수 없으니 폭파하겠다고 으름장을 놓는 독일군과 끝까지 맞서 베토벤의 집을 지켜냈다.

1959년에 퇴직한 그는 25년의 재임 기간 동안 단 하루도 쉬지 않았다. 더 많은 급료를 주겠다는 제의도 다 뿌리치고 끝까지 베토벤의 집을 지킨 것이다.

“베토벤이 나를 필요로 하는 것 같아 떠날 수가 없었습니다. 난 그분의 충실한 하인이었습니다. 그리고 내가 살아 있는 날까지 그럴 것입니다.”

하쎌바하는 1976년 9월 독일정부의 훈장을 받았다. 그리고 여덟 달 뒤 먼저 떠난 주인의 뒤를 따랐다.

명콤비

말도 행동이고 행동도 말의 일종이다.
— 에머슨

세계적 기업으로 성장한 혼다가 처음 창업할 때, 기술전문가인 혼다 소이치로와 경영전문가인 후지사와 두 사람이 만나 의기투합을 했다.

기술 전문가인 혼다가 말했다.

"나는 본래 기술자이고 기계 광이다. 정리나 영업 분야는 전혀 모른다. 돈을 버는 것과 경영관리를 모두 자네에게 맡기니 부탁한다."

후에 전무가 된 후지사와는 말했다

"나는 기계나 기술에 관한 것이라면 장님이나 마찬가지이다. 그러나 영업과 자금문제에서 걱정은 시키지 않겠다. 소신껏 세계 제일의 오토바이를 만들어 달라."

두 사람은 굳은 악수를 나누었다. 이후 혼다는 기술 개발에 몰두하고 후지사와는 자금 조달과 판매에 전력을 기울였다. 혼다 사장은 본사의 사장실에 모습을 나타내는 일은 거의 없었고 공장을 후지사와 전무에게 맡긴 채 의심 없이 자기 일에 몰두했다.

한편 후지사와도 혼다에게 전혀 돈 걱정은 시키지 않았다. 두 사람의 명콤비는 아무리 어려운 일도 쉽게 풀어나갔고, 두 사람의 신뢰 위에 세계 제일의 오토바이 메이커가 탄생했다. 혼다가 사장직을 그만두었을 때 후지사와도 부사장직에서 물러났다. 세상은 깜짝 놀랐다. 혼다는 회장, 후지사와는 사장직에 오르는 것이 상식이었음에도 불구하고 두 사람은 깨끗이 물러났다.

얼굴과 이름

말이 쉬운 것은 결국은 그 말에 대한 책임을 생각하지 않기 때문이다.
– 맹자

《무기여 잘 있거라》, 《누구를 위하여 종을 울리나》, 《노인과 바다》 등의 저자 헤밍웨이는 훌륭한 문학작품뿐만 아니라 멋진 수염을 기르는 사나이로도 유명했다.

어느 날 미국의 한 위스키 회사 간부가 헤밍웨이를 찾아왔다. 헤밍웨이는 강하고 대담한 아버지의 영향을 많이 받아 사냥과 낚시를 유난히 좋아했지만 술은 그리 좋아하는 편이 아니었다. 그래서 위스키 회사 간부가 찾아온 것을 조금은 의아하게 생각했다. 비서를 따라 들어온 손님은 헤밍웨이의 턱수염을 보고는 매우 감탄했다.

"선생님은 세상에서 가장 멋진 턱수염을 가지셨습니다. 우리 회사에서는 선생님의 얼굴과 이름을 빌려 광고하는 조건으로 4천 달러와 평생 마실 수 있는 술을 드리겠습니다. 허락해주십시오."

그 말을 들은 헤밍웨이는 잠시 생각에 잠겼다. 위스키 회사 간부는 이 정도의 조건이면 훌륭하다고 생각하고 결정을 기다리기 지루한 듯 대답을 재촉했다.

"무얼 그리 망설이십니까? 얼굴과 이름만 빌려주면 그만인데……."

그러자 헤밍웨이는 단호하게 말했다.

"유감이군요. 전 그럴 수 없으니 그만 돌아가 주시기 바랍니다."

헤밍웨이의 말에 당황한 손님이 돌아가자 비서가 왜 승낙하지 않았
는지를 물었다.

"그의 무책임한 말을 믿을 수 없기 때문이야. 얼굴과 이름을 대수롭
지 않게 생각하는 회사에 내 얼굴과 이름을 빌려준다면 어떤 꼴이 되겠
는가? 그리고 사람들이 맛없는 위스키를 마시며 나를 상상한다는 것은
도무지 참을 수 없는 일이네."

약속을 지킨 가정부

누구나 약속하기는 쉽다. 그러나 그 약속을 이행하기란 쉬운 일이 아니다.
– 에머슨

스위스의 교육 개혁가인 페스탈로치가 어렸을 때 사회는 정치가들의 싸움 때문에 몹시 어지러웠다. 농촌은 피폐하였으며 도시는 타락해 있었다. 그 와중에도 정직한 의사였던 그의 아버지는 돈을 벌기보다는 고통스러운 환자를 치료하느라 늘 바빴다. 자신의 몸은 돌보지 않고 환자의 치료에만 정신을 쏟던 아버지는 그만 병을 얻어 자리에 눕게 되었다. 온 식구들이 한곳에 모여 있을 때 아버지는 들릴 듯 말 듯한 목소리로 가정부 바아베리를 불렀다.

"네 어르신."

바아베리가 아버지 곁으로 다가갔다.

"바아베리, 내 가족들을 지난날처럼 앞으로도 잘 돌봐주길 바란다."

"네, 그렇게 하고말고요. 약속하겠습니다."

그녀는 앞치마로 눈물을 훔쳤다. 아버지는 마지막으로 가족들을 둘러보더니 눈을 감았다. 그때 페스탈로치의 나이는 다섯 살이었다. 아버지의 장례를 치르는 동안 바아베리는 진심으로 슬퍼하며 가족들을 도왔다. 그러나 가족들은 일시적인 현상일 뿐이라고 생각했다.

“요즘이 어떤 세상인데 넉넉지도 않은 이 집에 남아 궂은일을 하겠
어요?”

모두들 수군거렸지만 아직 처녀였던 그녀는 묵묵히 일했고 어린 페
스탈로치를 친동생처럼 보살펴주었다. 헌신적이고 희생적인 바아베리
를 가족처럼 여기며 생활하던 페스탈로치는 자라면서 가슴에 소중한
꿈을 키워나갔다.

“사회는 타락했지만 바아베리처럼 훌륭한 사람은 얼마든지 많을 거
야. 나도 어려운 사람을 위해 일생을 바칠 거야.”

그는 인생의 목표를 세웠고 그 후로도 그 목표에는 변함이 없었다.

지켜야 할 도리

　　　　　　사람은 사람을 믿어야 한다. 사람이
사람을 믿어야지 개나 고양이가 사람을 믿을 수는 없지 않겠는가.

　백범 김구 선생이 상해 임시정부에 있을 때 한 젊은이가 찾아왔다.
비서는 그가 일본에서 건너왔다고 하면서 독립운동에 몸을 바치겠다
고 떠들고 다니지만 일본말과 한국말을 섞어 쓰고 임시정부를 가정부
(假政府)라고 일본식으로 부르는 등 말과 행동이 의심스럽다며 만남을
만류했다.

　그러나 김구 선생은 젊은이를 만나기로 했다.

　젊은이는 독립운동을 하고자 일본으로 건너갔다가 가난과 병만 얻어
상해로 오게 된 일이며, 오랜 일본 생활과 그곳에서 배운 일본어 때문
에 자신이 처한 곤란한 사정을 이야기하고 당분간만 거두어달라고 부
탁했다.

　김구 선생은 젊은이의 남루한 옷차림 뒤에 숨겨진 사람됨을 한눈에
알아보고 당시로서는 큰돈인 천 원을 선뜻 내주며 생활을 돌보게 했
다. 물론 차용증 같은 것을 요구하지도 않았으며 오직 젊은이의 사람

됨만을 담보로 잡은 셈이었다.

이 젊은이가 바로 훗날 일왕을 저격하고 일본 형무소에서 순국한 이봉창이었는데, 일본으로 떠나기 전 이봉창은 이렇게 말했다.

"내 평생 나를 완전히 신임해준 분은 김구 선생님뿐이었습니다. 그분이 나를 그토록 믿어주시는데, 내가 어찌 목숨인들 아낄 수 있겠습니까? 나는 그분에게서 나라를 사랑하는 법을 배웠습니다."

생사를 알 수 없는 길을 떠나면서도 그는 조금도 두려워하지 않았다.

김구 선생은 이봉창에게 보여준 신임을 많은 젊은이들에게도 베풀었는데, 같은 민족을 믿는 일이 곧 또 다른 독립운동이라는 것을 몸소 보여주었다. 김구 선생은 사람이 살아가면서 지켜야 할 도리 중에 가장 으뜸인 것이 '어질 인(仁)'이며 그 다음이 '믿을 신(信)'이라고 굳게 믿었다. 그래서 큰 아들의 이름을 김인이라고지었고 둘째 아들의 이름은 김신이라고 지었다.

외솔 선생과 청년

외솔 최현배 선생은 일제 때 '조선어 학회 사건'으로 3년간 옥고를 치렀으며 해방 후에도 한글 사랑에 일생을 바친 위대한 한글 학자였다. 그분이 옥고를 치르고 나온 후의 일이다.

선생의 집 앞마당은 항상 깨끗했다. 매일 새벽에 와서 마당을 쓸고 가는 낯선 청년이 있었기 때문이다. 어느 날 이웃 사람이 그 청년에게 까닭을 물어보았다. 청년은 이렇게 말했다.

"저는 함흥 감옥에서 선생님과 한방에 있었습니다. 제가 배탈이 나서 크게 고생한 적이 있었는데, 선생님께서 저를 보시고 굶으면 낫는다고 하셨습니다. 그러시고는 혼자는 어려울 터이니 같이 굶자고 하시면서 하루 종일 저와 함께 굶으셨지요. 그리고 밤늦게까지 저의 아픈 배를 어루만지면서 정성껏 돌봐주셨어요. 아무도 돌봐주는 사람 없는 감옥에서 받은 그 은혜를 어떻게 해서라도 갚고 싶었지만 가진 것이 없는 처지라 선생님의 집 마당이라도 쓸어드리자는 생각을 했습니다."

외솔 선생의 인품도 훌륭하지만 은혜를 갚으려는 청년의 마음도 또한 갸륵하지 않은가?

　‘원수는 돌에 새기고 은혜는 물에 새긴다.’ 는 말이 있듯이 감사하는 마음은 누구나 가질 수 있지만 그것을 말이나 행동으로 직접 표현하기는 생각만큼 쉽지 않다.

도배지에 남긴 사례

　　　　　　　　　　"여보시오 주인. 후지산이 잘 보이는 방으로 부탁하오."

때마침 손님이 없는 철이었기 때문에 주인은 후지산이 정면으로 보이는 2층 방으로 노인을 안내했다. 잠시 후 그 노인은 벨을 눌러 주인에게 종이를 달라고 주문했다.

"갑자기 종이로 뭘 하시게요?"

주인이 퉁명스럽게 묻자 노인이 웃으며 대답했다.

"이 방의 경치가 너무 좋아 갑자기 그림이 그리고 싶어서 그러오."

도대체 무슨 그림을 그린다고 저러지? 귀찮아진 주인은 마침 방을 바르다 남은 도배지를 노인에게 가져다주었다. 그런데 잠시 후 노인이 다시 주인을 불렀다. 주인이 투덜거리며 가보니 노인은 바른 자세로 앉아서 도배지에 그림을 그리고 있었다. 노인은 완성된 그림에 낙관을 해서 주인에게 내밀었다.

"자, 이것은 내게 좋은 경치를 보게 해준 사례로 주는 것이오."

대수롭지 않게 그림을 받아든 주인은 깜짝 놀랐다. 그림의 낙관에는 데사이이라고 적혀 있었다.

"그럼 당신이 그 유영한 도미오카 데사이시군요. 제가 몰라 뵙고 그만 실례를 했습니다. 죄송합니다."

주인은 급히 사과를 한 후 다시 최고급 종이를 가지고 왔다.

"여기에 한 장만 더 그려 주십시오."

그는 머리를 조아리며 간곡하게 청했다. 그러자 노인이 웃으며 말했다.

"그림을 더 그리고 싶은 마음은 이미 사라졌소. 처음 이 방을 들어설 때는 여러 장을 그리려 했으나 이곳 경치와는 다른 당신의 마음을 보고 난 후 생각이 달라졌소. 경치에 대한 사례는 이 그림 한 장으로 충분하다고 생각하오."

4

나눔, 함께 할수록 더 커지는 것

우리가 할 수 있는 최선을 다할 때 우리의 삶에, 아니 타인의 삶에 어떤 기적

이 일어나는지 아무도 모를 것이다!

홀트 아동복지의 탄생

미국 오래곤 주의 유게네라는 마을에서 있었던 일이다. 그날 그곳의 신문에는 마을 회관에서 종교영화 상영이 있다는 광고가 났다. 그렇게 많은 사람이 모이지는 않았지만 서로 아는 사람들이라 즐거운 인사를 나누었다.

그 자리에 한 농부 부부도 참석했다. 그날의 영화는 한국전쟁 과정에서 생긴 고아들의 이야기였다. 그리고 이 고아들을 돌볼 수 있는 손길을 찾는다는 내용이 결론이었다.

이윽고 집회가 끝나자 참석했던 농부 부부는 집으로 돌아가면서 탄식했다.

"우리는 가난한 농부야. 우리 같은 가난한 농부가 무엇을 할 수 있겠어."

그러고서 모든 것을 잊어버렸다. 그러나 날이 갈수록 그날의 영화 장면들이 선명하게 떠올랐다. 부부는 농장의 일부를 팔고 직접 한국에 가서 8명의 혼혈고아들을 양자로 데려왔다.

이 사실이 마을 신문에 사진과 함께 기사로 나가자 여러 곳에서 그들을 돕겠다는 편지가 왔고 어떤 가정에서는 양자로 삼겠다는 연락이 왔다. 이 농부 부부는 전적으로 이 일에 매달리게 되었다.

그 후 그 부부는 16000여 명의 전쟁고아를 각 가정에 맺어주게 되었다. 이 농부 부부가 유명한 홀트 아동복지재단을 세운 해리 홀트 씨와 그의 아내이다.

한 소년의 아스피린

우리가 할 수 있는 최선을 다할 때 우리의 삶에, 아니 타인의 삶에 어떤 기적이
일어나는지 아무도 모를 것이다!
– 헬렌 켈러

　　　　　　이탈리아의 어느 작은 마을에 한 소
년이 살고 있었다. 소년은 우연히 책을 보다가 아프리카의 오지에서
원주민들을 돌보며 생활하고 있는 슈바이처 박사에 관한 글을 읽게 되
었다. 자신의 모든 것을 포기하고 가족과 떨어져 남을 돕는 슈바이처
박사의 생활은 소년을 눈물짓게 만들었다.

소년은 슈바이처 박사를 도와야겠다고 생각했다. 그렇지만 슈바이처
박사는 아프리카에 있었고 소년은 멀리 떨어진 이탈리아의 작은 시골
마을에 살고 있는데 무슨 수로 그를 도울 수 있단 말인가. 처음에는 그
런 이유로 매우 난감할 뿐이었다.

생각 끝에 소년은 공군사령관에게 편지를 보냈다. 편지와 함께 보낸
아스피린 한 병을 아프리카를 지나가는 비행기가 있으면 낙하산으로
슈바이처 박사에게 전해달라는 편지였다.

사령관은 소년의 착한 마음에 감동하여 편지를 방송에 내보냈다. 그
결과 방송국과 군부대에는 아프리카에 보내달라며 보낸 국민들의 각
종 의료용품이 산더미같이 쌓였다. 나중에 슈바이처 박사에게 보내기

위하여 한자리에 모아보니 수억 원어치나 되었다.

후에 그 구호품을 받은 슈바이처 박사는 말했다.

"한 소년이 이런 놀라운 일을 할 수 있었다니… 그 옛날 예수께서 먼저 물고기와 보리떡을 내놓아 수만 명을 먹여 살린 것과 똑같습니다."

죽음도 비켜가는 비결

소년 록펠러는 그 나이 또래 친구와는 다르게 몸집도 크고 매우 튼튼하였다. 그래서 록펠러는 자신이 어른이 된 후에 튼튼한 몸을 바탕으로 큰 부자가 될 것이라고 믿었다. 결국 그는 부자가 되었다. 그의 나이 불과 43살 때 록펠러라는 세계에서 가장 큰 회사를 지배하게 된 것이다. 그리고 53살 때는 세계 최고의 부자가 되었다.

그러나 그즈음 그는 점점 몸이 쇠약해져서 지독한 피부병까지 얻게 되었다. 머리카락과 눈썹이 빠지고 몸은 바싹 여위어만 갔다. 1주일에 몇 백만 달러씩 벌어들이는 그의 수입도 소용이 없었다. 그는 몇 조각의 비스킷과 물로 식사를 대신해야 했고 돈 벌기에 급급했던 자신을 미워하는 사람이 많았기에 항상 경호원과 동행해야만 했다. 록펠러는 언제나 무엇엔가 쫓기는 듯하여 밤이면 잠을 이룰 수 없는 고통 속에 보냈다. 억만장자 록펠러는 더 이상 행복하지 않았다. 그의 얼굴은 딱딱하게 굳어버렸다.

최고의 의사들이 록펠러를 진찰한 결과 1년 이상을 살 수 없을 것이라는 진단을 내렸고, 온갖 매스컴에서는 록펠러의 재산이 누구에게 돌아갈 것인지에 대해서만 비상한 관심을 보였다. 록펠러는 자신의 사망 기사가 미리 준비된 절망 속에서 돈이 전부가 아니라는 것을 깨달았다. 그는 새사람이 되었다. 자신의 막대한 재산으로 가난한 사람들과 불쌍한 사람들을 돕기 시작했다. 그는 '록펠러 재단'을 설립해서 많은 자선사업과 의학계를 지원하였다.

그러자 록펠러의 생활은 이전의 건강한 생활로 돌아왔다. 잠도 잘 자게 되고 음식도 잘 먹게 되었다. 그러나 가장 큰 변회는 그의 얼굴에 미소가 돌아온 것이었다. 삶의 기쁨을 깨달은 그는 최고의 의사들의 54살까지만 살 수 있다는 진단과는 다르게 98세까지 장수를 누렸다.

가난한 부자

어느 텍사스의 석유재벌이 인품과 학문이 모두 뛰어난 박사 한 사람을 자기 집으로 초대해 저녁식사를 대접했다. 식사가 끝난 후 재벌은 자기의 재산을 자랑하고 싶어 좀이 쑤셨다. 그는 박사를 이끌고 먼저 옥상으로 가서 거대한 송유관을 가리키면서 말했다

"박사님, 저것이 모두 내 것입니다. 나는 25년 전 맨손으로 이 나라에 왔지만 이제는 이렇게 끝도 없는 송유관을 지니게 되었습니다."

그다음 박사를 자동차에 태우고 한참을 몰고 갔다.

마침내 푸른 풀이 끝없이 깔려 있는 어느 목장에 도착하자 차창 밖으로 보이는 수많은 가축 떼를 가리키면서 말했다.

"저것도 전부 내 것입니다. 박사님이 지금 보시는 모든 것이 다 내 것입니다."

이렇게 계속 이리저리 돌면서 자랑을 늘어놓았다. 그 재벌은 박사에게 칭송을 듣고 싶었지만 박사는 아무 말도 하지 않았다. 잠시 후 박사가 석유재벌의 어깨에 손을 가볍게 얹고 하늘을 가리키면서 말했다.

"회장님, 이 방향으로는 가진 게 얼마나 있지요?"

박사의 손끝을 본 재벌은 부끄러워 고개를 숙였다.

얼마나 가졌느냐는 것은 중요하지 않다. 많이 가졌건 적게 가졌건 가진 것을 어떻게 쓰느냐가 중요한 것이다. 아무리 많은 재산을 가졌어도 나눌 줄을 모르는 사람은 마음이 가난한 사람이다. 이런 사람을 가난한 부자라고 한다.

도둑을 만든 주민들의 죄

고통은 인간을 생각하게 만든다. 사고는 인간을 현명하게 만든다. 지혜는 인생
을 견딜만한 것으로 만든다.
- J. 패트릭

뉴욕 시장을 세 번씩이나 연임한 피오렐로 라 과르디아는 경력도 화려하지만 극적인 사건을 연출해낸 일화로 더욱 유명하다.

과르디아가 즉결심판 법정의 판사로 일하고 있던 어느 날이었다. 그날은 무척 추운 겨울이었는데, 한 노인이 법정에 잡혀왔다. 빵집에서 빵을 훔친 죄였다. 그 노인은 가족이 굶주리고 있다고 판사에게 호소했다.

"그래도 나는 당신에게 벌을 주어야만 하오. 법에는 예외가 없소. 그러니 벌금으로 10달러를 내시오."

그러더니 그는 주머니에서 돈을 건네며 말했다.

"당신이 낼 벌금 10달러가 여기 있소. 받으시오."

그러고는 목소리를 높여 계속 말했다.

"이 법정에 참석한 모든 사람들에게 50센트씩 벌금을 부과하겠소. 그 이유는 살기 위해서 빵을 훔쳐야만 하는 사람이 있는 이 마을의 주민들이기 때문이오. 경사, 당장 벌금을 거두어 저 노인에게 주시오."

경찰은 모자들 돌려 벌금을 거두었고 그 사실이 믿어지지 않는 노인은 47달러 50센트를 받아 주머니에 넣고 법정을 나섰다. 한 사람의 굶주림은 우리 모두가 나누어 짊어져야 할 책임인 것이다.

죽음의 상인

다이너마이트를 발명하여 하루아침에 거부가 된 알프레드 노벨은 1884년 4월 어느 날 신문을 읽다가 깜짝 놀랐다. 그 신문에 자신의 사망 기사가 실려 있었기 때문이다. 실은 그의 형이었던 루드비히 노벨이 죽은 것을 신문사가 잘못 알았던 것이다.

그러나 노벨에게 충격을 주었던 것은 자신의 사망 기사뿐만 아니라 그 기사 속에 표현된 자신에 대한 호칭 때문이었다. 신문에는 이렇게 쓰여 있었다.

"다이너마이트란 폭탄을 발명한 '죽음의 상인' 알프레드 노벨 사망하다."

노벨은 사람들이 자기를 '죽음의 상인'이라 부르고 있다는 데에서 큰 충격을 받았다.

그 이후 노벨은 자신의 죽음과 죽음 이후에 대해 심각하게 생각해보았다. 그리고 마침내 자신의 전 재산을 희사하여 인류의 행복과 생명을 위해 기여한 사람에게 큰 상을 주라는 유언을 남기고 세상을 떠났다.

　만약 그가 그의 잘못된 사망 기사가 실린 프랑스 신문을 보지 않았더라면, 다시 말해 자신의 죽음에 대하여 생각해볼 수 있는 계기를 갖지 않았더라면 그는 영원히 ‘죽음의 상인’ 으로 묻혀버리고 말았을 것이다.

선의 발현

어떤 사람의 희망은 마술에 있고 어떤 사람의 희망은 명예에 있고 어떤 사람의
희망은 황금에 있다. 그래도 나의 큰 희망은 사람에 있다.
– 윌리암 부스

쉰들러 리스트라는 영화를 본 사람은 잘 아는 이야기이다. 사업가 쉰들러는 유태인들의 약점을 이용하여 막대한 재산을 모으게 되었다. 하지만 그는 수용소 내의 유태인들이 무차별 학살당하는 장면을 목격하고 그 이후로 유태인들을 그의 공장으로 끌어들일 계획을 세웠다. 명분은 공장의 인부로 고용하는 것이었지만 실제로는 그들을 보호하고자 함이었다. 마침내 수용소와 협상하여 한 명당 가격을 정하고 1,200명을 인수했다. 쉰들러는 공장을 운영하며 여러 번 파산의 위기를 맞았지만 파산은 곧 유태인들의 죽음을 의미하는 것이었기 때문에 악착같이 공장을 지켰다.

다행히 독일이 항복함으로써 위기를 모연하고 유태인들은 목숨을 보존할 수 있게 되었다. 하지만 기쁨도 잠시 지난 일들에 대한 아쉬움과 회한의 감정이 폭발한 듯 쉰들러는 절규했다.

"나에게 돈이 좀 더 많았더라면 더 많은 생명을 구할 수 있었을 텐데. 내 차를 팔았더라면 열 명은 더 구할 수 있었을 텐데. 내 반지를 팔았더라면 두 명은 더……."

'한 생명을 구하는 자가 온 세계를 구하는 것이다.'

유태인들은 이 말로써 쉰들러에게 감사와 위로의 뜻을 표했다. 쉰들러가 사업가로서 갈망했던 돈을 포기하고 인간을 선택한 것은 휴머니스트의 소신도 의도된 행동도 아니었다. 그것은 우리 인간의 내면에 잠재해 있는 선의 자연스러운 발현이었다.

5

재치, 가벼움으로 힘을 주는 영혼의 양식

웃음은 근심 없는 영혼의 자연스러운 표현이다.

재치 있는 충고

훌륭한 충고보다 값진 선물은 없다.
– 에라스무스

바이에른의 휴양도시 베르히테스가
덴 광장에서 거리 축제가 열리자 많은 사람들이 몰려들었다. 공연이
시작되자 미처 의자에 앉지 못한 사람들은 까치발을 하고 고개를 치켜
든 채 안간힘을 다해 구경하고 있었다.

그때 뒷좌석에서 앉아 있던 한 사람이 갑자기 구두를 벗고 의자 위로
올라갔다. 뒤에 서 있던 사람들이 자리에 앉으라고 소리쳤지만 그는
못 들은 척했다. 그러자 자리에 앉아 있던 철학자 하이데거가 큰 소리
로 말했다.

"여러분, 저 사람은 자기 양말에 큰 구멍이 뚫려 있는지 모르는 모양
입니다. 저 양말을 신고 저렇게 용감하게 의자 위에 올라가니 말이오."

하이데거의 말에 사람들이 크게 웃음을 터트렸다. 그제야 그 사람은
급히 의자에서 내려왔다. 하지만 잠시 후 다시 자리에서 벌떡 일어났
다.

"내 양말에 어디 구멍이 났단 말이오? 이렇게 멀쩡한데."

그는 보란 듯이 교대로 발을 들어 보이며 말했다. 그의 말대로 양말

112

에는 구멍이 없었다. 그래도 하이데거는 지지 않고 대꾸했다.

"당신 눈에는 그렇게 큰 구멍이 안 보인단 말이오?"

"아니, 이 사람이 누굴 바보로 아나? 당신 정말 자꾸 거짓말할 거요?"

화가 머리끝까지 오른 그가 버럭 소리를 질렀다. 그러자 하이데거가 웃으며 말했다.

"왜 구멍이 없단 말이오? 양말에 구멍이 없으면 어떻게 발을 집어넣는단 말이오?"

순간 사람들은 폭소를 터트렸고 무안해진 그 사내는 황급히 자리를 떠났다.

유머와 위트

사람은 유머와 위트가 있어야 한다. 유머와 위트가 있는 사람은 삶에도 여유가 있다. 지위고하를 막론하고 여유가 없이 사는 사람 중에 자신의 일을 제대로 해내는 사람이 있는지 한 번 둘러보라. 결코 흔하지 않을 것이다.

유머와 위트는 자신감의 표현이며 삶의 에너지이다. 자신감과 일을 추진할 수 있는 에너지만 있다면 어떤 위치에서 어떤 일을 맡고 있든 훌륭히 해낼 것이다. 이 말을 뒷받침해 주는 사람이 바로 링컨이다.

하루는 링컨이 백악관에서 자신의 구두를 열심히 닦고 있었다. 우연히 이것을 본 친구가 깜짝 놀라며 말했다.

"아니 대통령이 자기 신발을 닦고 있다니 말이 되나?"

이 말을 들은 링컨은 의아하다는 표정으로 되물었다.

"아니, 그럼 미국 대통령은 남의 신발도 닦아야 되나?"

웃음의 위력

웃음은 근심 없는 영혼의 자연스러운 표현이다.
- D. 카네기

대공황 시절 카네기는 아주 힘든 시기를 보내고 있었다. 어느 날 상황이 너무 안 좋아 절망에 빠진 카네기는 강물에 몸을 던질 생각으로 집을 나섰다.

강으로 가려고 건물 모퉁이를 막 돌아섰을 때, 한 남자가 다리가 없는 몸으로 스케이트보드 위에 앉아 있었다. 카네기가 지나치려 하자 그 남자가 큰 소리로 불렀다. 그리고는 환하게 웃으며 말했다.

"선생님, 연필이 필요하지 않습니까?"

카네기는 그가 구걸을 하는 것이라고 생각하여 주머니를 뒤져 1달러를 주고 가던 길을 계속 갔다. 그러나 그 남자는 스케이트보드를 굴려 카네기를 따라오며 소리쳤다.

"잠깐만요! 연필을 안 받으셨는데요."

절망에 빠져 있던 카네기의 귀에 그 말이 들어올 리가 없었다. 하지만 그 남자는 계속 카네기를 따라오며 연필을 받으라고 말했다. 카네기는 손을 내저으며 말했다.

"나는 연필이 필요 없습니다."

"

"그럼 돈을 돌려받으셔야죠."

카네기는 돈도 필요 없다며 그냥 가지라고 했다. 그래도 그 남자는 카네기가 강에 이를 때까지 연필을 받든지 돈을 돌려받든지 하라며 계속 따라왔다. 마침내 카네기는 그 남자에게서 연필을 건네받았다. 그 순간 카네기는 죽고 싶은 생각이 사라졌다는 것을 깨달았다. 그것은 울상을 짓고 강까지 걸어오는 동안 줄곧 자신을 따라온 그 남자 때문이었다. 분명 가난하고 힘들게 살고 있을 것인데 자신을 따라오는 내내 활짝 웃고 있었던 것이다.

콜럼버스의 달걀

콜럼비스는 서쪽으로 계속 가면 틀림없이 인도를 발견할 수 있으리라 생각했다. 지구가 평평하다고 믿는 선원들은 바다의 끝에 이르면 폭포처럼 밑으로 떨어질 것이라고 두려워했지만 콜럼버스는 그들을 달래며 항해를 계속했다.

1492년 10월, 마침내 육지에 도착한 그는 섬에 닿자 스페인 국기를 꽂고 당당하게 돌아왔다. 사람들은 7개월 만에 돌아온 콜럼버스를 개선장군처럼 맞이했다. 이사벨라 여왕은 그를 위해 큰 환영회를 열어 공적을 치하했다. 그때 한 남자가 나서서 말했다. 그는 스페인 사람도 아니면서 여왕의 신임을 받는 콜럼버스를 미워하여 환영회를 몹시 못마땅하게 여기고 있었다.

"어느 누구라도 배를 타고 서쪽으로 계속 가면 섬을 발견할 수 있소. 당신이 한 일은 그다지 대단할 것이 없소."

콜럼버스는 조용히 미소를 지으며 일어섰다.

"여러분, 이 탁자에 달걀을 세울 수 있는 사람이 있습니까?"

몇 사람이 앞으로 나와 달걀을 세워보려 했지만 모두 기우뚱거리며

옆으로 누워 버렸다. 아무도 성공하지 못하자 조용히 서 있던 콜럼버스가 달걀을 집어들고 끝을 탁자에 가볍게 친 후 탁자에 세웠다. 사람들은 또다시 수군거렸다. 그렇게 하면 역시 누구나 다 달걀을 세울 수 있다는 것이었다.

하지만 콜럼버스는 이렇게 말했다.

"여러분, 내가 이렇게 해보이기 전까지 아무도 이렇게 할 생각을 못하지 않았습니까? 남이 한 것을 나중에 보면 누구라도 간단하게 할 수 있다고 생각합니다. 하지만 처음으로 그것을 한다는 것은 어려운 일입니다. 가장 최초에 할 수 있다는 것이 중요한 것입니다. 우리는 그것을 해내기까지 그 사람이 겪었던 노고를 잊어서는 안 됩니다."

얼룩으로 만든 벽화

다른 사람에게 도움을 주는 일을 하는 사람은
자신에게 가장 큰 선물을 주는 것이다.
– 세네카

19세기 중엽이있다. 북스코틀랜드의 한 부자가 자신이 소유한 사냥터로 친구들을 초대했다. 자신의 아름다운 성과 멋진 사냥터를 자랑할 겸 사냥대회를 열어 친구들과 오랜만에 어울리며 즐기고 싶었기 때문이었다.

주말이 되자 친구들이 하나둘 모여들었고 성대한 만찬이 이어졌다. 그날 저녁, 흥겨운 음악과 떠들썩한 분위기에 취한 친구 하나가 소다수 병을 열다가 그만 실수로 새로 칠한 벽과 천장에 소다수가 튀게 만들었다. 몹시 화가 난 부자 주인은 버럭 소리를 질렀다. 분위기가 썰렁해졌고 머쓱해진 손님들은 모두 제각기 방으로 흩어졌다.

소다수는 보기 싫은 누런 반점들을 남겼고 손님들은 주말 내내 그 자국을 보며 미안해했다. 특히 사건의 장본인은 얼굴을 제대로 들고 다니지 못했다. 주말이 끝나고 친구들은 모두 서둘러 성을 떠났지만 단 한 사람의 친구만이 양해를 구하고 성에 남았다.

그 친구는 한동안 보기 싫은 벽의 얼룩들을 쳐다보더니 우선 크레용으로, 그다음에는 목탄으로, 나중에는 유화 물감을 가지고 흉한 얼룩

"

을 하나씩 고지에 솟아 있는 멋진 바위로 만들어 버렸다. 그러고 나서
는 그 바위에 물거품을 튀기고 있는 냇물을 그렸고 가장 심한 얼룩이
있는 곳에는 달리는 수사슴을 그려 넣었다. 벽화가 완성되자 그는 주
인을 불렀다. 보기 흉한 얼룩이 멋진 그림으로 변한 것을 보고 만족스
러운 미소를 띠는 주인에게 그는 넌지시 말했다.

"지금쯤 그 친구는 매우 상심하고 있을 걸세."

주인은 고개를 끄덕였고 파티를 다시 열었다. 아름다운 성으로 몰려
든 친구들은 그 흉한 얼룩이 멋있는 그림으로 변한 것을 보고 하나같이
경탄했다. 주인과 얼룩을 냈던 친구는 화해를 했다. 그림을 그려 둘의
화해를 도운 사람은 영국의 유명한 동물화가인 애드윈 헨리 랜지어 경
이었다.

열한 번째 손가락

　　　　　　　　위대한 사람이란 아무도 할 수 없는
일을 해내는 사람을 일컫는 말이 아니다. 남들이 할 수 없다고 쉽게 포
기 하는 일도, 단 1 퍼센트의 희망만 있으면 포기하지 않고 열정을 다해
결국은 그 일을 마치는 사람이다. 모차르트 같은 사람이 그런 의미에
서 위대한 사람이라고 할 수 있다.

모차르트는 친구들에게 지금껏 그 누구도 연주해본 적이 없고 연주
할 생각조차 하지 않은 피아노의 화음을 연주해보이겠다고 호언장담
했다. 그러고는 재빨리 그 화음의 악보를 오선지에 그렸다. 그 악보는
오른손과 왼손을 다 동원하고도 하나가 모자라는 동시에 11개의 건반
을 동시에 눌러야 하는, 인간의 힘으로는 도저히 불가능해 보이는 악
보였다. 그 자리에 모인 친구들은 악보를 보고 모차르트를 비웃었다

"이걸 연주할 수 있는 사람은 아무도 없어!"

모차르트는 고개를 저으며 조용히 말했다.

"하지만 난 분명히 할 수 있어."

모차르트는 여유 있게 피아노 앞에 앉았다. 그리고는 열 손가락으로 피아노 건반을 누르면서 나머지 하나의 건반은 코로 눌렀다. 친구들이 도저히 할 수 없다고 비웃었던 11개의 건반을 동시에 누르면서 연주하는 것에 성공한 것이다.

멘델스존의 조부

말도 아름다운 꽃처럼 그 색깔을 지니고 있다.
- E. 리스

작곡가 멘델스존의 할아버지인 모세 멘델스존은 곱사등으로 키도 남달리 작았고 얼굴도 잘생긴 것과는 너무나 거리가 먼 사람이었다. 여자들이 그에게 조금도 관심을 주지 않는 것은 이상할 것이 하나도 없었다.

어느 날 그는 함부르크에 있는 한 상인의 집을 방문했다가 프롬체라는 아름다운 여인을 보게 되었다. 모세는 그녀를 처음 본 순간 사랑에 빠졌는데, 그것은 절망적이라고 해도 과언이 아닌 짝사랑에 불과했다. 대부분의 여인과 마찬가지로 프롬체도 역시 그의 기형적인 모습에 눈길 한 번 주지 않았으니 말이다.

집으로 돌아가야 할 시간이 되었을 때 모세는 용기를 내어 프롬체에게 접근해 대화를 시도했다. 자신에게 눈길조차 주지 않는 그녀로 인해 깊은 비애를 느낄 수밖에 없었던 모세는 마침내 모든 부끄러움을 무릅쓰고 말했다.

"당신은 결혼이라는 것을 하늘에서 맺어주는 것임을 믿나요?"

프롬체는 여전히 창밖으로 고개를 돌린 채 차갑게 대답했다.

“그래요. 그러는 당신도 그것을 믿나요?”

모세가 대답했다

“예, 믿습니다. 내가 태어났을 때에도 신이 찾아와 나의 신부를 알려 주었습니다. 그런데 신은 이런 말씀을 한마디 더 하셨습니다. ‘그대의 아내는 곱사등일 것이다.’ 나는 그때 그 자리에서 필사적으로 소리쳤답니다. ‘안됩니다, 신이여. 여인이 곱사등이 되는 것은 비극입니다. 차라리 저를 곱사등으로 만드시고 신부에게는 아름다움을 주십시오!’ 이런 사연으로 나는 곱사등으로 태어나게 되었던 것입니다.”

이 말을 듣자 프롬체는 고개를 돌려 모세의 눈을 정면으로 바라보았다. 마치 어떤 아련한 옛 기억을 더듬어 올라가는 듯 모세를 자세히 관찰하기 시작했다. 그러고는 살며시 다가와 모세의 손을 잡으며 조용히 웃었다. 훗날 그녀는 모세의 헌신적인 아내가 되었다.

천재 수학자의 계산법

천재가 가지는 상상력에는 보통 사람이 상상하지 못하는 무엇인가가 있는 것 같지만 생각하는 과정을 보면 우리가 충분히 이해할 수 있는 것들도 많다.

천재적인 수학자로 알려진 독일의 가우스는 어려서부터 수학에 재능을 보였다. 초등학교 3학년 때의 일이다. 수학 시간에 선생님이 1에서 100까지의 숫자를 모두 합하면 얼마가 되느냐는 문제를 냈다. 선생님은 아무리 빨라도 1시간은 족히 걸릴 것이라고 생각하고는 다른 일을 하고 있었다.

학생들은 연습장에 1+2=3, 3+4=7, 4+5=9로 덧셈을 하면서 야단들이었다. 그러나 가우스는 시작한 지 얼마되지 않아 손을 번쩍 들었다.

"선생님 다 했어요."

선생님은 설마 하는 마음으로 가우스가 보여주는 연습장을 바라보았다. 연습장에는 정확히 5,050이라는 숫자가 적혀 있었다.

"너, 이런 문제가 나올 줄 미리 알고 집에서 계산해왔지? 계산한 흔적이라고는 없잖아?"

가우스는 대답했다.

"아닌데요, 선생님 방금 계산했어요."

선생님이 물었다.

"어떻게 그렇게 빨리 할 수 있었니? 선생님도 그렇게 빨리는 못 하는데."

가우스는 자신이 계산한 방법을 선생님께 설명했다. 가우스의 계산법은 이러했다.

첫 숫자 1과 끝 숫자 100을 더하면 101이 된다. 두 번째 숫자 2와 99를 더해도 101이 된다. 3과 98도 101, 4와 97도 101, 합하여 101은 모두 50번이 된다. 그러면 101X50은 5,050이 되는 것이다.

아인슈타인의 실험실

예술가란 언제나 자신에게 귀를 기울이고 자기 귀에 들려오는 것을
마음 한구석에 솔직하게 적어놓는 열성적인 노동자다.
– 도스토예프스키

과학의 거인이라 불릴 만큼 세계 역사에서 위대한 과학자로 손꼽히는 아인슈타인은 과학적 업적뿐만 아니라 인간적으로도 배울 점이 많은 사람이었다.

어느 날 기자가 그를 찾아왔다. 이런저런 질문을 하던 기자는 위대한 물리학자인 그의 실험실을 한 번 보고 싶다고 했다.

"내 실험실은 별로 보여 드릴 게 없습니다만."

아이슈타인이 말했지만 기자는 꼭 한 번 그의 실험실을 보고 싶다고 졸랐다. 그는 세계적인 과학자의 실험실이 아주 굉장할 것이라고 생각했다. 그는 첨단 과학 장비들로 가득 찬 실험실을 상상하면서 잔뜩 기대하고 있었다. 그런데 그 순간 아이슈타인은 자신의 주머니에서 만년필을 꺼내는 것이었다. 그러고는 웃으며 말했다.

"그것은 여기에 있습니다."

기자는 몹시 당황했다. 하지만 침착하게 다시 물었다.

"그러면 과학 장비 중에서 가장 중요한 것이 무엇인지 보여주십시오."

그러자 아인슈타인은 옆에 있던 휴지통을 가리켰다.

"바로 저것입니다."

기자가 어안이 벙벙한 표정으로 바라보자 아인슈타인이 웃으며 대답했다.

"나는 일상생활 중 머릿속에 뭔가가 떠오를 때면 그때마다 잊어버리지 않도록 만년필로 메모를 하고 골똘하게 생각합니다. 그러니 연구를 위해 따로 잘 차려진 실험실이 필요하진 않지요. 단지 내겐 그것을 적고 계산할 수 있는 만년필과 필요 없는 메모지를 버릴 수 있는 휴지통만 있으면 됩니다.

조선의 간디

　　　　　　　　　　녹립 운동가이사 교육자인 고딩 조
만식 선생은 1922년 오윤선과 함께 조선 물산장려회를 조직하여 국산
품 장려 운동을 벌였다. 이후부터 선생은 '조선의 간디' 라는 별명을 갖
게 되었다.

조만식 선생은 애국심이 남달랐는데 이를 닦을 때도 치약은 왜놈의
것이니 쓰지 않겠다며 항상 소금으로 양치질할 정도였다. 하루는 조만
식 선생의 부인이 몸이 좋지 않아 병원에 입원하게 되었다. 의사에게
서 물을 먹지 말라는 주의를 받은 부인은 심한 갈증으로 몹시 괴로워했
다. 보다 못한 선생이 의사에게 찾아가 묻자 오렌지 즙을 살짝 입술에
적셔주면 괜찮을 거라고 했다.

의사의 처방을 들은 조만식 선생은 목말라 하는 아내의 갈증을 빨리
해소해주어야겠다는 생각으로 오렌지를 구하기 위해 서둘러 밖으로
나갔다. 그런데 나간 지 두 시간이 지나도록 선생은 돌아오지 않았다.
기다리고 있던 아내는 갈증을 잊은 채 혹시 남편에게 무슨 일이 생긴
건 아닐까 하는 조바심으로 선생을 걱정했다.

무려 네 시간이 지나고 나서야 오렌지를 양손에 든 조만식 선생이 허둥지둥 아내의 병실로 들어왔다. 급하게 뛰어왔는지 선생은 한동안 숨을 헐떡거렸다.

조만식 선생이 무사한 것을 본 아내는 그제야 안도의 한숨을 내쉬면서 늦은 이유를 물었다. 선생은 태연스런 목소리로 이렇게 말했다.

"아, 글쎄 병원 앞에는 왜놈들의 가게만 죽 늘어서 있지 뭔가. 그래서 조선 사람의 가게를 찾아다니느라 좀 늦었지."

600만 달러의 아이디어

남들이 성공적으로 이용한 진기하고 재미난 아이디어들을 그대로 보아 넘겨서
는 안 된다. 안고 있는 문제를 풀기 위해 그것을 응용할 때 그것은 이미 여러분
의 독창적인 아이디어가 되는 것이다.
– 토머스 에디슨

코카콜라 병을 창안하여 큰돈을 빈 루드는 가난한 농부의 아들로 태어났는데, 집안 형편이 어려워 중학교조차 다니지 못했다. 그는 도시로 나가 신문배달, 구두닦이, 철공소 심부름꾼 등의 일을 거쳐 병을 만드는 공장에 취직하게 되었다.

당시 미국에는 코카콜라가 새로 나와서 인기를 끌게 되자 코카콜라 회사에서 '모양이 예쁘고 물에 젖어도 미끄러지지 않고 겉보기보다 양이 적게 들어가는 병'을 현상 모집하고 있었다. 루드는 6개월이나 연구를 거듭했지만 좋은 생각이 떠오르지 않았다. 그러던 어느 날 그는 여자 친구가 입고 있는 주름치마를 보고 힌트를 얻어 허리가 잘록하고 주름이 잡힌 병을 만들어 내서 600만 달러의 거금을 받게 되었다. 그 후 그는 고향에서 유리제품 공장을 경영하며 행복한 일생을 보냈다.

현대 산업사회에서는 멋진 아이디어 하나가 큰 성공을 약속하기도 한다. 그러나 밤낮 졸고 있는 사람에게서 좋은 아이디어가 떠오를 리 없다. 궁리에 궁리를 거듭하는 사람만이 영감도 얻을 수 있다.

"

디즈니랜드의 창시자

실패하면 실망할지도 모르지만 시도조차 하지 않으면 죽은 몸이나 마찬가지다.
- 베버리 실즈

미국의 어느 마을에 서커스단이 찾아왔다. 아직 공연 시간은 되지 않았지만 벌써부터 많은 사람들이 앞자리를 차지하고 앉아 막이 오르길 기다리고 있었다. 그때 나비넥타이를 맨 남자가 뒤뚱거리며 무대 위로 걸어나와 난처한 표정으로 말했다.

"저는 이 서커스단의 악대를 이끄는 밴드 마스터입니다. 죄송하지만 여러분들 중에 혹시 트롬본을 불 수 있는 사람이 있습니까?"

서커스단 악대의 트롬본 연주자가 갑자기 그만두게 되어 새로 사람을 채용해야만 했던 것이다. 하지만 그 자리에 있는 사람들 중에서 당장 트롬본을 불 수 있다고 손을 드는 사람은 아무도 없었다. 그때 소년 하나가 손을 번쩍 들었다.

"애야, 네가 정말 트롬본을 불 수 있겠니?"

밴드 마스터가 의아해하며 물었다. 그러자 소년은 한번 해보겠다고 하며 트롬본을 받아들고 악대의 사이에 자리를 잡았다.

트롬본을 든 소년의 자세가 좀 서툴러 보였지만 밴드 마스터는 곧 악대를 행진시켰다. 그런데 악대는 금방 큰 혼란에 빠져버렸다. 소년의 트롬본이 엉뚱한 음을 연주했기 때문이다. 구경하던 사람들이 키득거리기 시작했고 얼굴을 잔뜩 찌푸린 밴드 마스터가 악대의 행진을 중단시키고 소년에게 물었다.

"너는 트롬본을 불지도 못하면서 왜 거짓말을 했지?"

밴드 마스터가 꾸짖자 소년은 얼굴색 하나 변하지 않고 대답했다,

"저는 제가 트롬본을 불 수 있는지 없는지를 몰랐습니다. 여태까지 한 번도 트롬본을 불어본 적이 없으니까요."

보통사람들과 달리 뭐든 해보고 나서 할 수 있는지 아닌지를 결정했던 이 소년이 바로 훗날 디즈니랜드를 만든 월트 디즈니이다.

6

진실, 어두운 곳에서도 빛나는 감춰질 수 없는 것

만 개의 '육체의 눈'보다 더 가치 있는 것은 단 한 개의 '영혼의 눈'이다. 진
실은 영혼의 눈에만 보이기 때문이다.

다빈치의 모델

레오나르도 다빈치가 그의 유명한 그림인 〈최후의 만찬〉을 그릴 때, 그는 예수의 모델을 찾기 위해 무척 애를 쓰다가 어느 날 교회에서 용모가 수려한 한 성가대원을 발견하고 그를 모델로 하여 그림을 그리기로 마음먹었다. 그런데 그 청년이 로마로 공부를 하러 떠나게 되어 모델을 바꾸지 않을 수 없었다.

다빈치는 오랜 세월에 걸쳐 〈최후의 만찬〉을 거의 완성하다시피 했으나 다만 한 사람 유다만을 그리지 못한 채였다. 알다시피 유다는 예수를 배반한 제자다.

그러던 어느 날 다빈치는 아주 타락한 모습을 한 인물을 발견하고 그를 유다의 모델로 삼아 마침내 그림을 완성하였다. 그런데 알고 보니 유다의 모델은 오래전의 예수의 모델로 삼으려 했던 바로 그 청년이었다. 이 청년은 배움을 멀리한 채 방탕한 생활로 심성이 나빠져서 얼굴마저 완전히 변해버렸던 것이다.

명예 훼손의 대가代價

오만한 사람에게는 자기 가치의 절대적인 높이만이 중요하며, 허영심이 많은 사
람에게는 자기 가치의 상대적인 높이만이 중요하다.
– 게오르그 짐멜

진실의 가격은 얼마나 될까? 진실의
가격은 한 사람의 삶을 송두리째 바꿔놓을 수도 있다.

미국의 26대 대통령 루스벨트가 어느 날 한 잡지를 보다가 자신이
형편없는 술주정뱅이라는 기사가 실린 것을 보았다. 놀란 그는 비서관
을 불러 이 상황을 어떻게 처리해야 할지 논의했다. 비서관은 당장 잡
지사 사장과 기자를 불러 따끔하게 혼을 내주자고 건의했지만 그건 권
력의 남용이라고 생각한 루스벨트는 잠시 생각에 잠겼다.

"정식으로 고소를 하세. 그리고 명예훼손으로 손해배상을 청구해야
겠네."

얼마 뒤 재판이 열리게 되자 많은 방청객들이 법정을 가득 메웠다.
예민한 문제인 만큼 판사는 신중하게 한 사람 한 사람씩 심문을 하고
이를 종합하여 배심원들과 논의를 했다. 그리고 드디어 판결이 내려졌
다.

"귀 잡지사의 기사는 허위로 판명되었으며 개인의 명예를 훼손한 것
이 인정되는 바, 귀사는 대통령에게 손해배상금을 지불하시오."

　판결이 내려진 순간 방청석이 술렁이기 시작했다. 모두들 손해배상금을 물고 나면 잡지사는 더 이상 회사를 유지할 수 없을 것이라고 입을 모았다. 그때 판사의 말이 이어졌다.

　"대통령이 요구한 손해배상금은 1달러입니다. 이만 재판을 마칩니다."

　방청석은 다시 술렁이기 시작했고, 자기 귀를 의심한 비서관은 루스벨트에게 실망스런 목소리로 물었다.

　"각하, 명예훼손의 대가가 고작 1달러란 말입니까?"

　그러자 대통령은 흐뭇한 미소를 지어보이며 말했다.

　"내겐 손해배상금이 의미가 없네. 중요한 것은 진실이야."

웰링턴 장군의 담뱃갑

워털루 전쟁에서 나폴레옹을 격파하고 영국 수상을 역임한 바 있는 웰링턴 장군이 승전 기념일의 만찬회에 참석하고 있었다. 이때 웰링턴 장군은 다이아몬드 장식이 되어 있는 담뱃갑을 손님들에게 자랑했다.

그런데 만찬회가 끝날 무렵 그 담뱃갑이 분실되어 만찬회의 분위기는 엉망이 되었다. 한 손님이 모든 손님들의 주머니를 검사하자고 제의하였고 모든 참가자들이 이에 통의했지만 노사관 한 명이 반대하고 나섰다. 다른 손님들이 이것을 무시하고 끝내 주머니 검사를 강행하려 하자 그 노사관은 화를 벌컥 내었다. 난처해진 웰링턴 장군이 "자, 여러분! 이 일은 없던 것으로 하고 잊어버립시다."하고 제안했지만 노사관은 뒤도 돌아보지 않고 뚜벅뚜벅 걸어서 만찬장을 나가버렸다. 노사관에게 혐의가 씌워진 것은 물론이었지만 그가 누구이며 어디서 살고 있는지 아는 사람은 아무도 없었다.

해가 바뀌어 다음해에 다시 모임이 열렸다. 웰링턴 장군은 작년 그 기념일 이후 입어 보지 않았던 옷을 꺼내어 무심코 호주머니에 손을 넣

었다. 그런데 없어진 줄로만 알았던 담뱃갑이 거기에 있는 것이 아닌
가. 아연해진 웰링턴 장군은 그 노사관을 백방으로 찾은 결과 어느 초
라한 다락방에 세들어 살고 있는 그를 발견했다. 장군은 그 사관에게
정중히 사과했다.

"사실은 나 자신도 당신을 의심하고 있었소. 깊이 사과하오."

그러고서 장군이 궁금하게 여겼던 한 가지를 물어보았다.

"어째서 그때 모두의 의견에 따르지 않고 억울한 의심을 받았소?"

노사관은 얼굴을 붉히며 고백했다.

"사실은 그때 내 호주머니에는 먹다 남은 고기 조각과 빵조각이 들
어 있었습니다. 아내와 아이들이 굶고 있었으니까요."

도산 안창호

"나는 밥을 머어도 우리나라의 독립을 위해, 잠을 자도 우리나라의 독립을 위해 잤다. 이것은 내 목숨이 없어질 때까지 변함이 없을 것이다."

"그러면 당신은 조선의 독립이 가능하다고 생각하는가? 당신은 일본의 실력을 모르는가?"

"나는 일본의 실력을 잘 안다. 지금 아시아에서 가장 강한 무력을 가진 나라라는 것도 안다. 그러나 나는 일본이 무력만큼 도덕을 겸하여 갖기를 원한다."

"그건 무슨 뜻인가?"

"나는 진정으로 일본이 망하기를 원치 않고 좋은 나라가 되기를 원한다. 이웃인 우리나라를 유린하는 것은 결코 일본에게 이익이 되지 않을 것이다. 2천만 명에게 원한을 품게 하는 것보다 우정을 가진 2천만 명을 이웃으로 두는 것이 일본에게 득이 될 것이다. 내가 우리나라의 독립을 주장하는 것은 동양의 평화와 일본의 복리까지도 위하는 것이다."

　예상치 못했던 대답에 도산 안창호를 취조하던 일본인 검사는 그만 말문이 막혔다.

　도산 안창호는 독립운동가요, 뛰어난 웅변가이자 교육자였다. 같은 시기에 독립 운동을 했던 다른 사람들이 외교 활동을 통해, 혹은 무력을 통해서라도 독립을 이루어 보겠다고 했지만 안창호는 보다 장기적인 방법, 즉 국민들을 교육하고 계몽함으써 독립을 성취하고자 했다. 이러한 생각의 바탕에는 그가 새로운 세계에 대해 배우고 신식 학문을 공부하는 과정에서 형성된 남다른 세계관이 있었음을 부인할 수 없다.

도시락 속의 머리카락

작가 선우휘 씨가 학생이었을 때의 일이다. 어느 날 점심시간이 되어 친한 친구와 함께 도시락을 펼쳐놓고 밥을 먹고 있었다. 밥 한술을 떠넣은 친구가 머리카락 하나를 골라내었다. 그리고 아무렇지도 않은 듯 계속 밥을 먹었다.

다음날 그 친구는 또다시 도시락에서 머리카락을 골라낸 뒤 밥을 먹었다. 어쩌다 한두 개 머리카락이 들어갈 수는 있지만 친구의 도시락에서는 자주 머리카락이 나왔다. 선우휘는 점점 그 친구가 불결하게 느껴지고 함께 밥을 먹고 싶은 생각도 들지 않게 되었다.

'도시락을 싸주는 어머니는 도대체 얼마나 지저분한 분일까? 아들의 도시락에 머리카락이 들어가는지도 모르고……'

그러던 어느 날 수업을 끝내고 집으로 돌아가려는 선우휘에게 그 친구가 자기 집에 놀러 가자며 손을 잡아끌었다. 선우휘는 썩 내키지 않았지만 부탁을 거절하지 못하고 따라나섰다.

"어머니, 제가 말씀 드린 친구 선우휘와 같이 왔습니다."

친구는 집으로 들어가자마자 어머니를 불렀다. 잠시 후 방문이 열리

더니 친구의 어머니가 고개를 내밀었다.

"그래, 네가 선우휘로구나."

그러나 선우휘를 반기며 걸어 나오는 친구의 어머니는 선우휘를 제
대로 쳐다보지 못하고 두리번거리기만 했다 어머니는 장님에 가까울
정도로 눈이 어두웠던 것이다.

마음의 눈

만 개의 '육체의 눈'보다 더 가치 있는 것은 단 한 개의 '영혼의 눈'이다.
진실은 영혼의 눈에만 보이기 때문이다.
– 플라톤

사람의 눈은 네 개다. 육신의 눈이 두 개요, 나머지 두 개는 마음의 눈이다. 육신의 눈이 중요하다는 것은 당연한 얘기지만, 사람은 마음의 눈이 더 밝아야 한다. 그 가치는 어떤 것과도 바꿀 수 없거니와 비교할 수도 없다. 영국의 극작가이자 소설가인 버나드 쇼가 어느 날 로댕의 작품이라면 무조건 싫어하는 사람들을 자신의 집에 초대했다. 그리고 그들에게 데생 작품 하나를 보여주면서 "이것은 최근에 구한 로댕의 작품입니다."라고 말했다.

이 말을 들은 사람들은 너나 할 것 없이 앞 다퉈 혹평하기 시작했다. 그러자 버나드 쇼가 기다렸다는 듯이 한마디 했다

"아 이것은 로댕이 아니라 미켈란젤로의 작품인데 제가 착각을 좀 했군요."

버나드 쇼의 말에 다른 사람들은 계면쩍어하면서 "어쩐지!"라며 술렁거렸다. 마음의 눈을 감으면 진실을 볼 수 없다. 사람을 판단하기 전에 어떤 상황에서든지 무조건 자신의 잣대대로 재단하려 하지 말고 마음의 눈을 뜨고 진실을 보려고 노력해야 한다.

145

스스로의 마음

다른 사람의 마음속에 무슨 일이 일어나고 있는지를 몰라서 불행하게 되는 경우
는 거의 없다. 그러나 자신의 마음의 움직임을 간과하는 자는 반드시 불행에 빠
질 것이다.
– 아우렐리우스

쇼펜하우어는 이렇게 말했다.

"모든 사람은 다른 사람 속에 거울을 가지고 있다. 그 거울로 말미암
아 자기 자신의 결점과 여러 가지 나약함을 확실히 볼 수 있는 것이다.
그런데 많은 사람들은 이 거울을 향해 개와 같은 짓을 하고 있다. 자기
를 향해 짖든가 아니면 물어뜯고 있다."

거울은 보는 사람을 향하여 사실 그대로 보여준다. 거울은 조금도 거
짓말을 할 줄 모른다. 웃으면 웃음을 울면 눈물을 보여준다. 괴로워하
면 괴로움을 아파하면 그 아픔을 그리고 거짓말을 하면 그 거짓말을 보
여준다. 사람의 마음도 마찬가지다. 거울이 흐리지 않으면 스스로 맑
듯이 사람의 마음도 그 흐린 것들을 지워버리면 맑음 그대로의 마음을
바탕으로 할 수 있는 것이다.

그런데도 사람들은 스스로 그 마음이란 바탕에 괴로움이란 돌을 던
지기에 주저하지 않는다. 그러면서 그 괴로움 속에서 스스로를 소진시
키며 허우적거린다. 자기 자신이 던져놓았던 그 괴로움이라는 돌멩이
만 집어내버린다면 마음속에는 어느새 잔잔한 평화와 즐거움이 들어

와 앉을 것을 까마득히 모르고 있다. 여러분의 마음이 여러분마저도 모르게 감추고 있는 것은 없다. 여러분은 끝없이 맑아지고 그리고 즐거워할 권리가 있다.

여러분의 행동 자체가 여러분의 거울이게 하고 여러분의 한마디 말이 여러분의 마음이도록 해야 한다.

두려움의 정체

본래의 자신을 지키면서 자기 속에 타인의 존재를 조금도 의식하지 않는 사람이
야말로 훌륭한 사람이다.
- 에머슨

독일 제국의 초대 총리로 독일 통일과 국가 발전에 많은 영향을 끼친 독일의 정치가 비스마르크가 아들에게 다음과 같은 편지를 보냈다.

내가 오늘 한 일에 대하여 내일 다른 사람들의 의견을 들어보면 태반이 잘못되었다. 그러니 남의 칭찬을 받았다고 기뻐하지 말고 남의 비난을 들었다고 실망하지 말아라. 본디 인간은 완벽할 수 없다.

또 후세에 이름을 남기겠다는 사람도 있으나 지극히 어리석은 생각이다. 지금 나와 함께 있는 사람들도 내 마음을 알아주기 어려운데 어찌 백 년이나 천 년 후의 사람들이 내 마음을 알아줄 것인가. 그러므로 나는 다만 하느님만이 내 마음을 알아줄 것이라고 믿고 남들이 나를 칭찬하거나 욕을 하거나 하는 것은 아무렇지도 않게 생각한다.

지금의 나는 독일 총리대신이라는 어려운 일을 맡고 있는데, 만일 하느님이 없다고 하면 나는 이 괴롭고 어려운 일에 단 사흘도 견디지 못할 것이다. 너무 세상의 칭찬에 관심을 두지 말아야 한다. 오직 하느님

으로부터만 칭찬받도록 힘써라.

　사람을 두려워하는 사람은 그 때문에 더 잘할 수 있는 일도 망친다는 말이 있다. 하지만 이는 자신의 정체성을 잃은 자기변명에 지나지 않는다. 우리는 다른 사람의 눈을 두려워할 것이 아니라 자신의 마음을 두려워해야 한다.

정직과 성실

정직과 성실을 여러분의 벗으로 삼아야 한다. 아무리 누가 여러분과 친하다 하더라도 여러분의 몸에서 나온 정직과 성실만큼 여러분을 돕지는 못한다. 타인의 믿음을 잃었을 때에 사람은 가장 비참한 것이다. 사람을 움직이는 데에는 백 권의 책보다 하나의 성실한 마음이 더 효과적이다.

    – 벤자민 프랭클린

자신에게 부끄럽지 않은 삶을 산다는 것은 참으로 어려운 일이다. 더군다나 자신의 마음에 들지 않는다고 해서 쉽게 저버릴 수 있는 것 또한 삶이 아니다. 갓 20세가 된 청년 하나가 우연히 장터에 나갔다가 돈이 두둑이 든 지갑을 하나 주웠다. 많은 사람들로 붐비고 있는 장터인지라 누가 지갑을 잃어버렸는지 도무지 알 길이 없었다. 청년은 주인에게 지갑을 꼭 찾아주고 싶었으나 달리 방법이 없었다. 그는 하는 수 없이 주운 지갑을 들고 그 자리에 계속 서 있었다. 분명 지갑의 임자가 이곳을 지나칠 것이라고 믿었기 때문이다.

얼마나 지났을까? 꽤 시간이 흘렀다고 생각될 즈음 한 남자가 나귀를 끌고 땅바닥을 두리번거리면서 청년을 지나쳐 갔다. 청년은 곧장 뛰어가 물었다

"무엇을 찾으십니까?"

"아, 글쎄 오늘 이 장터에 나왔다가 여기 어디서 돈 300냥이 든 지갑을 잃어버렸다오. 그것을 혹 찾을까 싶어 돌아다니는 거라오."

한숨을 푹 내쉬는 남자 앞에 청년이 지갑을 내밀었다. 깜짝 놀란 주인은 너무나 고맙다며 잃어버린 돈이나 다름없으니 절반을 사례비로 주겠다고 말했다. 그러나 청년은 고개를 가로저었다.

"제가 욕심이 있었다면 이 지갑을 통째로 가졌을 겁니다. 걱정하지 마시고 귀한 일에 쓰십시오."

약관의 나이에 어울리지 않게 사리가 바르던 이 청년이 바로 독립선언서의 주창자인 33인 민족대표 중의 한 분인 손병희 선생이다.

안회와 자공

　　　　　　　　안회와 자공이 스승인 공자를 따라 초나라로 가는 도중에 난을 만나 여러 날 동안 굶주리게 되었다. 때마침 자공이 어렵게 쌀을 구해왔다.

공자가 목마르다 하여 자공이 물을 길러 가다가 안회가 밥을 짓고 있는 것을 보았다. 여러 날을 굶고 지치다 보니 누구도 손 하나 까딱하지 않으려는 판에 안회만이 솔선해서 밥을 지으니 마음속으로 저절로 존경심이 생겼다. 그런데 뜸이 들기를 기다리던 안회가 솥뚜껑을 열더니 슬며시 솥에서 밥 한술을 떠서 먹는 것이었다. 스승을 제쳐두고 저 먼저 배를 채우겠다는 안회의 행동을 보게 된 자공은 금세 존경하는 마음이 가시고 괘씸한 생각이 들었다.

자공은 이 사실을 스승에게 말씀드렸다. 이야기를 들은 공자는 반드시 무슨 사연이 있을 것이니 기다려보자며 대단치 않은 표정을 지었다.

얼마 후 안회가 돌아와서 말했다.

"자공이 쌀을 구해온 덕분에 아침밥을 먹게 되어 모두들 좋아하고

"

있습니다. 이제 곧 식사를 하도록 하시지요.”

그러자 공자는 “오늘은 마침 돌아가신 내 어머님의 기일이니 우선 그 밥으로 공양부터 하고 밥을 먹도록 하자.”라고 말했다.

이 말을 들은 안회는 “황송한 말씀이오나 이 밥으로는 공양을 못 하게 되었습니다.”라고 말하면서 그 까닭을 설명했다.

안회가 밥이 다 되었나 보려고 솥뚜껑을 열었을 때 갑자기 천장에서 흙덩이가 떨어져 이것을 주걱으로 떠냈더니 밥알까지 묻어 나왔다는 것이다. 안회는 자공이 애써 구해온 쌀이라 생각하니 밥알 한 톨도 아까워서 버리지 못하고 흙덩이 속에서 밥알만을 가려 자기가 먹었으니 이 밥으로는 공양을 할 수 없다고 했다,

이야기를 들은 공자는 “그럼 공양은 다음에 하기로 하자.”하고 식사를 했다.

영화를 만드는 장인들

당신의 정신을 위대한 사상으로 길러라. 영웅을 믿는 일이 영웅을 만들어낸다.
– 벤자민 디즈렐리

일본뿐만 아니라 세계의 많은 영화인들이 가장 존경하고 영향을 받은 인물로 꼽는 구로사와 아키라 감독은 한 편 한 편의 영화에 항상 최선을 다하는 것으로 유명했다. 특히 카메라가 읽어내지 못하는 부분까지 세심한 주의를 기울였다. 며칠에 걸쳐서 음식을 먹는 연회 장면을 찍을 때는 하루의 촬영이 끝나면 소풍 담당 스태프에게 테이블의 사진을 찍게 하여 "이 사람은 맥주를 이만큼 마셨다."면서 맥주잔의 높이를 자로 재서 기록하게 했다. 또 음식을 먹는 장면에서 배우들이 안심하고 먹을 수 있도록 세트장 천장의 먼지까지 청소하기도 했다.

어느 날 영화 소품으로 낡은 장롱이 필요했으나 마음에 드는 낡은 것을 구할 수 없었던 구로사와 감독은 칠을 잘하는 사람에게 새 장롱을 사주며 낡은 장롱처럼 칠해 달라고 부탁했다. 그런데 촬영 일정이 빠듯해 구로사와 감독이 몇 번을 독촉해도 칠장이는 좀처럼 장롱을 내놓지 않았다. 구로사와 감독이 화가 나서 더 이상 기다릴 수 없을 때쯤에서야 칠장이는 감쪽같이 변한 낡은 장롱을 들고 나타났다. 그의 솜씨에 만족하여 직접 그 장롱을 세트장에 옮겨놓고 무심코 서랍을 열어본 구로사와 감독은 깜짝 놀랐다. 몇 개의 서랍을 더 열어본 그는 칠장이 에게 달려갔다.

"서랍 안쪽까지 다 칠하다니 놀랍습니다."

"선생님도 아마 속이 칠해져 있지 않았다면 기분이 나빴을 겁니다. 저도 그건 원하지 않거든요."

학문의 왕도

인간를 지력으로만 교육시키고 도덕으로 교육시키지 않는다면 사회에 대하여
위험을 기르는 것이 된다.
- D. 루즈벨트

유클리드는 유클리드 기하학을 집대
성한 기하학의 창시자로 잘 알려져 있다. 유클리드가 집필한 《원론》은
그리스와 이집트 수학의 성과를 집대성하고 체계화시킨 것으로 수학
의 역사에서 불멸의 업적으로 평가되고 있다.

어느 날 그리스의 프롤레마이오스 왕이 수학을 공부하기 위해 가장
학식 있는 권위자인 유클리드를 불렀다. 유클리드는 열심히 수학을 가
르쳤지만 까다롭기만 할 뿐 진척이 없었다. 왕은 기하학이 너무나 어
려워 싫증을 느꼈다. 짜증이 난 왕은 유클리드에게 명령했다.

"나는 왕이다. 더 간단하게 설명하라."

그러나 유클리드는 왕을 바라보면서 의연하게 대답했다.

"기하학에는 왕도가 없습니다."

이 유명한 말은 '학문에는 왕도가 없다.'는 말을 생겨나게 했다. 아
무리 그 사람의 지위가 높아도 배우는 것에는 지름길이 없는 법이다.
배움의 과정은 누구에게나 힘들다. 인내와 자신감을 무기로 한 단계
한 단계 깨달음을 넓혀 나아가야 한다.

기회를 잃는 것

지식이 깊은 사람은 시간의 손실을 가장 슬퍼한다.
– 단테

　　　　　　　런던의 부유한 포도주 상인 집인에
서 태어나 캘빈주의자인 어머니의 엄격하고 청교도적인 교육을 받으
며 자란 영국의 평론가 러스킨은 시간을 매우 귀중히 여겼다. 그는 자
기의 일이 있을 때는 마치 죽은 사람처럼 지내면서 시간 낭비를 최소화
하였다. 그럴 때는 다음과 같은 글귀를 미리 인쇄해놓고 편지가 오면
이 인쇄문을 회답으로 보내곤 하였다.

러스킨은 현재 매우 중요한 일을 하고 있습니다. 방문이나 서신에 관
해서는 이제부터 두 달 동안은 본인이 이 세상에 없는 것으로 생각해주
시기 바랍니다.

시간은 기회다. 시간을 허비하는 것은 기회를 잃는 것이다. 어떤 사
람들은 이런 진실을 모르고 아직 젊고 패기가 있기 때문에 여유를 갖고
젊어서는 좀 놀아도 된다는 말을 한다. 이렇게 말하는 사람은 기회를
잃고 난 후에야 비로소 후회의 눈물을 흘릴 것이다.

대학총장의 어머니

신은 도처에 가 있을 수 없기 때문에 어머니를 만들었다.
– 유태 격언

하버드 대학의 총장 닐 루딘스틴이 처음 총장이 될 당시 주위에서 이런저런 말들이 많았다. 전통적으로 하버드 대학의 총장이 된 사람들은 거의 훌륭한 가문 출신이었다. 하지만 루딘스틴의 집안은 그리 좋은 편이 아니었다.

그의 아버지는 유태계 러시아인이었고, 어머니는 이탈리아 출신의 식당 종업원이었다. 게다가 그는 하버드 대학 출신도 아니었기에 사람들은 무언가 비리가 숨어 있을 것이라고 수군거렸다.

그러나 루딘스틴은 그런 이야기들에 전혀 아랑곳하지 않았으며 자신의 부모님을 자랑스러워했고 하버드 대학을 위해 자신이 해야 할 일들을 묵묵히 해나갔다.

또한 루딘스틴의 어머니는 아들이 미국 최고의 명문대학 총장이 되었는데도 예전의 생활과 전혀 다르지 않게 허름한 식당에서 종업원으로 일하고 있었다. 그의 어머니가 식당 일을 계속하고 있는 것을 알게 된 기자들은 어느 날 식당으로 루딘스틴의 어머니를 찾아가 취재를 했다. 한 기자가 궁금증을 참지 못하고 물었다.

"식당 일은 언제 그만두실 겁니까?"

그러자 루딘스틴의 어머니는 웃으며 대답했다.

"제 아들은 자기 일에 최선을 다하여 하버드 대학의 총장이 되었어요. 그러니 나도 맡은 바 내 일에 최선을 다해야지요. 만일 내 아들이 대통령이 된다 하더라도 나는 내가 하던 일을 계속할 것입니다."

워싱턴의 어머니

워싱턴이 대통령이 된 후 처음으로 고향인 마운트 버넌을 방문했을 때였다. 보통 어머니 같으면 대통령이 되어 집으로 돌아오는 아들을 맞이하기 위해 집도 수리하고 음식도 장만하여 큰 잔치를 열었을 것이다.

그러나 워싱턴의 어머니 메리 보울은 평소와 다름없이 소박한 옷차림으로 문 앞에서 아들을 맞았다.

"조지, 정말 잘 왔다. 나는 지금 너에게 주려고 맛있는 과자들 만들고 있단다."

반갑게 아들을 맞이한 어머니는 빵가루 투성이의 손을 닦으며 부엌으로 들어갔다. 워싱턴을 수행하던 사람들은 너무도 놀랐다. 그러나 워싱턴은 더없이 기쁜 듯 주위 사람들을 번갈아 쳐다보며 말했다.

"여러분, 내 어머니가 과자를 만들어 주신답니다. 나는 어렸을 때부터 어머니가 만든 과자를 즐겨 먹었습니다. 자, 사양 말고 안으로 들어가서 어머니가 만든 과자를 함께 듭시다."

잠시 후 워싱턴은 조용히 어머니에게 다가가 말했다.

"어머니, 이제 집안일은 직접 하지 않으셔도 돼요. 힘든 일은 하인들 시키고 감독만 하세요."

그러자 메리 보울은 고개를 저으며 말했다.

"아니다, 대통령이 나온 마을에서 가난한 사람들이 나 때문에 손해를 보거나 내가 오히려 어려운 사람들에게 폐를 끼쳐서는 안 된다. 그렇게 되면 나는 하느님을 대할 면목이 없기 때문이지. 그래서 앞으로 조금이라도 더 일을 해 수입을 늘려서 가난한 사람들을 도울 생각이란다. 만일 대통령이 네가 끝내 내게 일하지 말고 다른 시랑을 부리라고 한다면 나는 대통령의 어머니 따위는 언제라도 그만두련다."

긍지와 자부심

책임을 지고 일을 하는 사람은 회사, 공장, 기타 어느 사회에 있어서도 반드시 두각을 나타낸다. 책임 있는 일을 해야 한다. 일의 대소를 불문하고 책임을 다하면 반드시 성공한다.
– 데일 카네기

전 세계 120여 개가 넘는 나라에 600여 개의 회사를 가진 휴렛패커드 사의 휴렛 패커드는 직원들을 신뢰하고 의견을 존중하는 경영인으로 유명하다,

패커드가 어느 날 공장장과 함께 작업장을 둘러보게 되었다. 작업장에는 실리콘 작업이 단계별로 잘 진행되고 있었다.

패커드는 열심히 일하는 직원들에게 격려의 말을 건네며 천천히 발걸음을 옮겼다. 그러다가 플라스틱을 뽑아내는 금형판을 다듬고 있는 한 기술자 앞에서 멈추고는 일하는 모습을 유심히 바라보았다.

그 기술자는 심혈을 기울여 윤기를 잘 낸 플라스틱 금형을 이제 막 마무리하려던 참이었다. 표면 처리가 매끄럽게 잘된 금형을 본 패커드는 흐뭇한 미소를 지으며 무심코 손으로 만져보려 했다. 그 순간 기술자가 날카로운 소리로 외쳤다.

"손대지 마십시오."

갑작스러운 외침에 무안해진 패커드는 얼굴을 붉혔다. 그러자 옆에 있던 공장장이 기술자를 나무라며 말했다.

“자네, 무례하게 왜 이러나? 이분이 누군 줄 알고 함부로 소리를 치는 건가? 이분은 우리 회사의 회장님이시네.”

하지만 그 청년은 조금도 놀라는 기색 없이 당당하게 말했다.

“이분이 누구든 이 일의 모든 책임과 권한은 제게 있습니다.”

공장장은 청년의 무례한 행동에 패커드가 기분이 상할까봐 걱정하며 어쩔 줄을 몰랐다. 하지만 패커드는 오히려 청년의 어깨를 두드려 주며 이렇게 말했다.

“미안합니다. 당신 말이 맞습니다. 나는 당신처럼 긍지를 가진 기술자가 우리 회사에 있다는 것이 자랑스럽습니다.”

재주 많은 원숭이

스스로 제 몸을 사랑하는 사람은 모든 일을 삼가 자신을 보호한다.
– 법구경

오나라 왕이 강물에 배를 띄워놓고 원숭이들이 많이 사는 산으로 올라갔다. 여러 원숭이들이 왕을 보자 숲 속으로 달아났지만 오직 한 마리의 원숭이만이 달아나지 않았다. 그 원숭이는 이리저리 돌아다니며 나뭇가지와 뱀을 던지면서 제 재주를 뽐내고 있었다.

이상하게 여긴 왕이 그 원숭이에게 화살을 쏘았지만 재빨리 화살을 잡아버렸다. 그러자 왕은 신하들에게 계속 화살을 쏘게 하였고 원숭이는 마침내 빗발치는 화살에 맞아 죽었다.

이를 본 왕은 자신의 친구인 안불의를 돌아보며 말했다.

"이 원숭이는 자기의 재주를 믿고 오만방자하게 굴다가 마침내 죽음에 이른 것이네. 자네도 이를 경계하게. 교만하게 굴다가는 언젠가는 해를 당하기 마련이지."

이후 안불의는 잘난 체하지도 않고 항상 타인에게 겸손하였다. 그뿐만 아니라 벼슬도 내놓은 채 자신의 수행에 전념하게 되었고 그 후 3년이 지나자 모든 사람들이 안불의를 칭송하게 되었다.

‘벼는 익을수록 고개를 숙인다.’는 말이 있다. 자신의 지식이나 재주 지위 등이 아무리 뛰어나다고 해도 항상 겸손할 것을 강조해야 함은 두말할 여지가 없을 것이다.

부나 명예는 일시적일 뿐이며 그 사람의 인격을 말해주지 않는다. 타인 앞에서 우쭐대거나 잘난 체하는 사람들의 공통적인 특징은 늘 외로움이 내재되어 있고 불평이나 불만이 많다는 것이다. 그러나 그런 것들은 항상 자신의 몫일뿐이며 그 누구라도 대신할 수는 없다.

겸손하여 자신을 낮추는 대부분의 사람들은 항상 온화한 눈길과 다정한 미소를 띠며 주위 사람들 또한 기꺼이 따르게 마련이어서 외로움이나 고독이라는 감정조차 느낄 수 없다.

고개를 숙이면

　　열아홉의 어린 나이에 장원급제를 하여 스무 살에 경기도 파주의 군수가 된 맹사성은 자만심으로 가득 차 있었다. 어느 날 그가 무명 선사를 찾아가 물었다.

　"스님이 생각하기에 내가 이 고을을 다스리는 사람으로서 최고로 삼아야 할 좌우명이 무엇이라고 생각하오?"

　그러자 무명 선사가 대답했다.

　"그건 어렵지 않지요. 나쁜 일을 하지 말고 선행을 많이 베풀면 됩니다."

　"그런 건 삼척동자도 아는 이치인데 먼 길을 온 내게 해줄 말이 고작 그것뿐이오?"

　맹사성은 거만하게 말하며 자리에서 일어나려 했다. 그러자 무명 선사가 녹차나 한잔 하고 가라며 붙잡았다. 그는 못 이기는 척 자리에 앉았다. 그런데 스님은 찻물이 넘치도록 자꾸만 차를 따르는 것이 아닌가.

　"스님, 찻물이 넘쳐 방바닥을 적십니다."

맹사성이 소리쳤다. 하지만 스님은 태연하게 계속 찻잔이 넘치도록 차를 따르고 있었다. 그리고 잔뜩 화가 나 있는 맹사성을 물끄러미 쳐다보며 말했다.

"찻물이 넘쳐 방바닥을 적시는 것은 알고 지식이 넘쳐 인품을 망치는 것은 어찌 모르시오?"

스님의 이 한마디에 맹사성은 부끄러워 얼굴이 붉어졌다. 그는 황급히 일어나 방문을 열고 나가려고 하다가 문에 세게 부딪히고 말았다. 그러자 스님이 빙그레 웃으며 말했다.

"고개를 숙이면 부딪치는 법이 없습니다."

배움의 거리

네 자신을 최대로 활용하라. 그것이 너에게 주어진 전부이므로.
– 에머슨

도산이 열네 살에 공부하러 서울에 갔을 때 청일전쟁이 일어나 소란스러웠다. 돈도 의지할 데도 없었는데, 마침 가까운 배재학당에서 신학문을 가르치고 있었다. 날마다 마당 옆에 와서 멍하니 구경하는 시골 초립동을 보고 학생들은 선교사의 허락만 받으면 공부할 수 있다고 권했다. 도산은 선교사를 찾아가서 다음과 같은 대화를 나누었다고 한다.

"어디서 왔나?"

"평양에서 왔습니다."

"평양이 여기서 몇 리인가?"

"8백여 리입니다."

"뭐 하자고 거기서 공부하지 않고 여기까지 왔나?"

"그럼 제가 하나 묻겠습니다. 미국이 여기서 몇 리입니까?"

"8만여 리."

"8만여 리 밖에서 가르치러 오는데, 8백여 리 밖에서 배우러 오지 못할 것이 무엇입니까?"

재벌의 1센트

세계에서 가장 많이 물건을 파는 슈퍼마켓은 월마트이다. 이 월마트의 창업자 샘 월튼은 재산이 20조 원도 넘는 부자다. 그러나 그는 단돈 1센트의 소중함을 알고 검소한 생활을 평생 실천한 사람이다.

하루는 월튼을 취재하기 위해 모인 기자들이 검소하기로 소문 난 그를 시험해보기로 했다. 월튼이 걸어가는 길에 1센트짜리 동전을 던져놓고 그가 그 동전을 줍는지 안 줍는지를 보기로 한 것이다.

기자들이 동전을 던져놓은 지 채 1분도 지나지 않아 월튼이 탄 자동차가 나타났다. 자동차에서 내려 걸어오던 월튼은 갑자기 허리를 굽혀 동전을 주었다. 세계적인 갑부가 보통 사람들도 소홀히 보아 넘기는 1센트짜리 동전을 주우려고 허리를 굽혔다는 사실에 기자들은 놀랐다.

취재가 시작되자 한 기자가 조금 전에 자신들이 한 일에 관한 이야기를 꺼내며 사과했다. 그러자 월튼은 이렇게 말했다.

"나는 대공황을 겪었고 어린 시절부터 무엇이든 아끼는 생활에 익숙해 있습니다. 많은 기업가들이 웬만큼 성공하고 나면 나는 할 만큼 했

169"""

다면서 땅을 사들이는데, 그게 바로 망하는 지름길이 아니겠습니까?”

월튼은 세계적 갑부가 되어서도 구멍가게 점원으로 시작할 때처럼 허름하면서 편한 옷차림으로 털털거리는 픽업트럭을 타고 필요한 물건을 직접 사러 다녔다.

그의 아내는 남편이 운영하는 가게에서 비누 한 장 그냥 가져가서 사용할 수 없었다. 네 명의 자녀들도 수업이 끝나면 가게에서 일해야 했고 신문배달도 시켰다. 손자들에게도 똑같이 일을 시켰다. 그는 자신의 아이들과 손자들에게 게으른 부자라는 소리를 들으면 용서하지 않겠다는 말과 함께 1센트의 소중함을 항상 가르쳤다.

7

도전, 자신이 원하는 삶을 위한 날갯짓

자기라고 생각하는 그것이 자기가 아니다. 반성하고 사고하고 노력하는 것

이 참된 자기 자신이다.

나이보다 마음

인간을 가장 쉬이 늙게 하는 것은 나이가 많다는 이유로 그 어떠한 것이든 체념
하는 마음이다.
- T. F. 그린

노인 학교에 나가서 잡담을 하거나 장기를 두는 것이 고작인 한 노인이 있었다. 어느 날 장기 상대자가 없어 그냥 멍하니 앉아 있는데 한 젊은이가 지나가다가 이렇게 말했다.

"그냥 그렇게 앉아 계시느니 그림이나 그리시지요."

"내가 그림을? 나는 붓 잡을 줄도 모르는데……."

"그야 배우면 되지요."

"그러기엔 너무 늦었어. 나는 이미 일흔이 넘었는걸."

"제가 보기엔 할아버지의 연세가 문제가 아니라 할 수 없다고 생각하는 할아버지의 마음이 더 문제 같은데요."

젊은이의 핀잔은 곧 그 할아버지로 하여금 화실을 찾게 했다. 그림을 그리는 일은 생각했던 것만큼 어렵지도 않았으며 더욱이 그 나이에서 나오는 풍부한 경험으로 인해 그는 성숙한 그림을 그릴 수 있었다.

붓을 잡은 손은 떨렸지만 매일 거르지 않고 그림을 그렸다. 이 새로운 일은 그의 마지막 인생을 더욱 풍요롭게 해주었다.

그가 바로 평론가들이 '미국의 샤갈' 이라고 극찬했던 해리 리버맨이

172

다. 그는 이후 많은 사람들의 격려 속에서 죽을 때까지 수많은 그림을
남겼으며 백한 살, 스물두 번째 전시회를 마지막으로 삶을 마쳤다.

자신을 아는 것

자기라고 생각하는 그것이 자기가 아니다. 반성하고 사고하고 노력하는 것이 참된 자기 자신이다.
  – 도만 V. 필

  이론과학의 선구자 뉴턴은 아직 어머니의 뱃속에 있을 때 아버지를 여의었다. 그 후 어머니마저 재혼하였으므로 할머니 손에서 자라야 했다. 소년 뉴턴은 몸집도 작고 허약했으며 학교 성적도 최하위였다.

  "어이 바보."

  아이들은 어린 뉴턴을 놀려댔고 선생도 그를 바보로 여겼다. 그래서 그 자신마저 자기 머리가 나쁘다고 생각하게 되었다.

  그러던 어느 날 뉴턴은 사소한 일로 같은 반의 공부 잘하는 아이와 말다툼을 하게 되었다. 그 아이는 자기가 잘못했는데도 "바보인 주제에 무슨 잔소리야!" 하며 뉴턴의 옆구리를 발로 찼다. 허약한 뉴턴은 싸움에 질 수밖에 없었다. 구경하던 다른 아이들도 아무도 그의 편을 들어주지 않았다. 그날 밤 뉴턴은 한잠도 자지 못하고 분해서 눈물을 흘렸다.

  '머리가 나쁜 사람의 말은 옳은 말이라도 믿어주는 사람이 없구나.'

  그렇게 자학하던 뉴턴은 새벽녘이 되어서 문득 이런 생각을 하게 되었다.

'내 머리는 정말 바보일까? 나는 내 자신을 바보로 생각하고 지금까지 한 번도 공부를 열심히 해본 적이 없었다. 그래, 체력으로나 공부로나 남에게 지지 않도록 열심히 노력해보자.'

뉴턴은 굳게 결심하고 다른 사람이 된 것처럼 열심히 공부했다. 그러자 얼마 안 되어 모든 아이들이 놀랄 만큼 성적이 좋아졌다.

'나는 바보가 아니었다. 무슨 일이든지 노력하면 된다.'

영원한 퍼스트레이디

　　　　　　　시골의 가난한 농부의 딸, 그것도 사회적으로 멸시받는 사생아였던 에바 마리아 두아르떼는 주위의 차가운 시선에도 굴복하지 않고 나이트클럽의 댄서로 시작해서 라디오 성우를 거치며 자신의 꿈을 실현하기 위해 부단히 노력했다.

　영화배우라는 꿈으로의 첫걸음을 내딛을 즈음인 1944년 지진으로 인한 난민구제모금 기관에서 에바는 노동부 장관인 후안 페론을 만나게 되었다. 이 만남은 사랑으로 이어지고 에바의 삶을 단번에 뒤바꾸어버렸다.

　후안 페론과 에바의 결혼이 임박해올 무렵, 후안 페론의 정치적 역량이 확장되는 것에 위협을 느낀 권력기관과 군인들은 후안 페론을 체포하여 감금했다.

　페론의 석방운동은 1945년 9월 17일 민중혁명으로 이어져 후안 페론이 대통령에 추대되기에 이른다. 이로써 에바는 천한 농부의 사생아에서 고귀한 아르헨티나의 퍼스트레이디가 되었다.

　스스로의 의지나 노력과는 상관없이 소외당하고 멸시받았던 약자였음을 잊을 수 없었던 에바는 권좌에 있으면서 가난한 자의 편에 서서 기금을 모으고 노동자들을 위해 헌신적으로 일하며 불평등을 없애고자 애썼다. 이에 감화된 수많은 국민들은 에바를 부통령 후보로 추대했다. 그러나 부통령 후보를 사임했고, 그 직후 청천벽력과도 같은 암 말기 진단을 선고받았다.

1952년 33세의 젊은 나이로 세상을 떠난 퍼스트레이디 에바 페론의 장례식은 아르헨티나 국민의 비탄 어린 통곡 속에 장엄하게 치러졌다. 결코 죽음으로도 잊히지 않는 에비타의 신화는 많은 사람의 가슴속에 자리 잡았다.

불굴의 정신

위대한 업적을 이룬 것은 힘이 아니라 불굴의 노력이다.
- 사무엘 존슨

사람의 능력을 이성이라는 잣대로 가늠하기란 불가능한 일이다. 상식으로는 도저히 설명할 수도 없고 믿기지도 않는 이야기가 많기 때문이다. 이런 이야기를 만들어내는 사람들은 포기라는 것을 결코 모르는 인간 승리의 주인공들이다.

금메달을 딴 소아마비 소녀가 있었다. 인류평화의 제전이라고 일컫는 올림픽이 4년에 한 번씩 열리고 있다는 사실을 모르는 사람은 없을 것이다. 올림픽 종목에는 여러 가지가 있지만 그중에서도 특히 인간 총알이라 불리는 100m 달리기가 많은 사람들의 주목을 끈다. 100m 달리기 종목에서 우승하기는 정상적인 사람들도 하늘에서 별 따기다. 그런데 윌마라는 소아마비 소녀는 1960년 9월 로마올림픽에서 우승을 차지하여 세계를 깜짝 놀라게 했다.

윌마는 네 살 때 소아마비를 앓아 3년 동안 치료를 받았다. 그의 어머니는 새벽 4시에 일어나 이웃 농장에서 품을 팔고 오후에는 80km나 떨어진 병원까지 윌마를 데려가 치료를 받게 했다. 그곳까지는 왕복 4시간이 걸리는데, 차 안에 사람이 너무 많아 꼬박 서서 시달려야

하는 경우가 아주 많았다. 그렇게 3년 동안 치료를 받은 월마는 겨우
설 수가 있었다. 어쩌다 월마가 치료를 받는 데 게으름을 피우기라도
할라치면 어머니는 엄하게 꾸짖으며 더욱 혹독하게 연습시켰다.

"잘했어, 오늘은 30cm나 걸었구나. 내일은 1m를 걷기로 하자."

이처럼 어머니의 헌신적인 지도와 본인의 피나는 노력으로 걷기 훈
련을 쌓은 결과 월마는 여덟 살 때 절룩거리며 학교를 다닐 수 있게 되
었다. 그리고 고등학교 시절에는 마침내 미국에서 가장 빠르게 달리는
여자 단거리 선수가 되었다. 또한 1960년에는 미국이 여자육상 대표선
수로 출전하여 100m달리기에서 11초 0이라는 올림픽 신기록을 세우
고 금메달을 땄다.

브루클린의 기적

뉴욕의 맨해튼 시와 브루클린 시 사이에 놓여 있는 브루클린 다리는 인간의 기술이 이룩해놓은 그야말로 기적의 다리다.

1883년 창조적인 기술자 존 노블링이 맨해튼 시와 브루클린 시 사이를 잇는 다리의 건설을 제안했을 때 전문가들은 하나같이 불가능한 일이라며 고개를 저었다. 하지만 노블링은 그의 아들 워싱턴과 함께 다리 건설 작업을 진행했다. 금융업자들을 설득해서 다리 건설을 위한 재정을 지원받게 되면서 그들은 지칠 줄 모르는 열정과 흥분으로 건설 기술자들을 모집하고 꿈의 다리를 건설하기 시작했다.

프로젝트가 진행되고 몇 달이 지난 어느 날 사고로 인하여 존 노블링은 죽고 말았다. 그리고 그와 더불어 다리 건설 방법을 알고 있던 유일한 사람인 아들 워싱턴마저도 뇌에 심각한 손상을 입어 말을 할 수도 걸어 다닐 수도 없게 되었다. 이제 다리 건설 계획은 물거품이 된 듯했다. 하지만 움직일 수도 말을 할 수도 없는 상태로 침대에 누워 있는 워싱턴의 정신은 그 어느 때보다 날카롭게 번뜩였다. 그의 머릿속에는 온통 다리를 완성해야 한다는 일념뿐이었다. 하지만 그가 움직일 수 있는 것이라곤 손가락 한 개뿐이었다.

'누군가 내 얘기를 듣게 할 수 있다면…….'

워싱턴은 다른 기술자들과 의사소통할 수 있는 방법을 궁리하다가 손가락을 이용하기로 했다. 그는 다리 건설을 계속 추진할 기술자들에게 전달할 내용을 알려주기 위해 아내와 둘만의 일정한 규칙을 만들었다. 그리고 그 규칙에 따라 아내의 팔에 신호를 보냈다. 브루클린 다리가 완공될 때까지 워싱턴은 13년 동안 손가락 한 개만으로 지시사항을 내렸고 그의 놀라운 의지력으로 마침내 기적의 다리가 완성되었다.

에디슨의 실패와 도전

과거는 모두 잊었다 나는 미래만 보고 있다.
– 에디슨

　　1914년 겨울밤 불이 나서 에디슨의 공장이 전부 타버리고 말았다. 그의 필생의 노력의 결과가 완전히 사라진 것이다. 화재 소식을 듣고 달려온 에디슨은 바람을 타고 번져나가는 화염을 그저 멍하니 바라보는 수밖에 없었다. 에디슨의 나이 67세였 다. 그것은 에디슨에게는 재기 불능의 재난인 것처럼 보였다.

　다음날 아침 에디슨은 잿더미로 변한 공장을 둘러보면서 이렇게 말했다.

　"지금까지 우리가 저지른 모든 시행착오며 실패들이 완전히 타버리고 없어졌다. 이제 우리는 그런 실패들을 거치지 않고 다시 시작할 수 있게 되었다."

　3주일 후에 에디슨의 공장은 첫 축음기를 생산하는 데 성공했다.

금메달 같은 은메달

1936년 베를린 올림픽 육상 1500m 부분의 은메달 리스트인 글렌 커닝엄의 이야기는 이제 신화가 되고 있다.

글렌이 초등학교를 다닐 때였다. 어느 추운 겨울 아침 글렌은 형과 함께 교실에서 난로를 피우고 있었다. 그런데 그만 석유통을 엎지르는 바람에 난로불이 마룻바닥에 옮겨 붙었다. 그 사고로 글렌은 형을 잃고 온몸에 화상을 입었다. 글렌이 병원에서 깨어났을 때 의사는 화상이 심해 글렌의 다리를 절단해야 한다고 말했다. 그 말을 듣고 글렌은 평생 누워 살아도 좋으니 다리만은 자르지 말라고 소리쳤다. 그리하여 글렌은 수술을 받지 않았지만 침대에 누워 지내야만 했다.

어느 날 글렌은 문득 어머니에게 일어나보고 싶다고 말했다. 아버지와 어머니가 양쪽에서 붙들어 간신히 글렌을 일으켜 세웠을 때 그의 다리는 부서진 인형의 다리처럼 덜렁거렸다.

그날부터 글렌은 서는 연습을 했다. 몇 번이고 픽픽 쓰러지면서도 이를 악물고 일어났다. 글렌이 똑바로 일어설 수 있게 되었을 때 그의 부

모들은 기대하지도 않았던 일이라 놀라움을 감추지 못했다.

글렌은 다시 걷기 연습을 했다. 아기 걸음마처럼 간신히 한 걸음 한 걸음 떼어놓았던 걸음은 차츰 나아졌다. 글렌은 건강을 회복시킬 수 있는 일이라면 무엇이든지 열심히 했다. 어느 날 글렌은 다리를 튼튼하게 하려면 달리기를 하라는 글을 읽었다. 글렌은 주저 없이 달리기를 시작했다.

처음에는 달린다는 것이 쉽지 않았다. 그러나 그는 넘어지고 넘어지면서도 달렸다. 어디를 가든 그는 달렸다. 그렇게 달린 글렌은 학교에서 치른 달리기 시합에서 1등을 하고 이어 각종 육상경기에 나가 우승을 했다. 마침내 그는 미국에서 열린 1마일 달리기에서 세계기록을 세우기에 이르렀다. 절단할 뻔했던 다리로 올림픽 은메달의 자리에까지 달려온 글렌 커닝엄, 그의 이름은 스포츠 역사에 길이 남을 것이다.

불굴의 노력

세상은 자신의 의지에 따라 변한다.
 - 그라시안

　　　　　　미국의 LA 마라톤 대회에서 다리 내
신 두 손만으로 마라톤 전 코스를 달린 사람이 있다. 그의 이름은 보브
위랜트로 베트남 전쟁 때 두 다리를 잃은 참전 용사였다,

　마라톤이 시작되기 하루 전날 아침에 그는 심판도 없이 혼자 출발선
으로 나갔다. 위랜트는 7년 전의 일을 생각하며 묵묵히 마라톤 코스를
달렸다. 그는 미국 대륙 4,454km를 두 팔로 걸어 3년 8개월 6일 만에
횡단한 적이 있었다. 그때 모험적인 도전이라며 함께 동참했던 친구들
은 기온이 60도까지 오르는 뉴멕시코 사막 지대에 들어서자 이런저런
핑계를 대며 그의 곁을 떠나버렸다

　또 어떤 사람이 상체만 이동하는 위랜트의 모습을 보고 "개가 T셔츠
를 입고 고속도로를 기어가고 있다."라고 NBC 텔레비전에 전화를 거
는 해프닝이 벌어지기도 했다. 미주리를 지날 때는 베트남 전쟁에서
지뢰를 밟고 두 다리를 잃어버린 위랜트를 업어 헬리콥터에 태워주던
전우를 만나기도 했다. 그는 그때의 감격스러운 장면을 회상하면서 자
신의 모습이 실의에 빠진 청소년들과 장애인들에게 삶의 희망을 심어

주는 기회가 되기를 바랐다. 이런 생각만으로도 그는 전혀 외롭지 않았다.

3일 뒤 위랜트는 74시간 8분 26초라는 기록으로 결승선에 도착했다. 심판도 없고 경쟁자도 없는 고독한 경주를 3일 만에 모두 마친 것이다. 그는 아무도 알아주지 않았지만 자신의 기록이 18시간이나 단축되었다고 크게 만족해했다. 아직도 달리는 일을 포기하지 않고 새로운 계획을 세우고 있는 위랜트는 늘 이웃들에게 이렇게 말한다.

"저에게는 권태로운 날이 단 하루도 없습니다. 목표를 세워 그것을 해내는 것이 진짜 사는 재미인 것입니다. 안 된다고 생각했을 때는 다리가 열 개라도 그 사람의 인생은 끝장인 것입니다."

홈런왕의 연습

미리 마음속으로 어떤 일들을 완벽하게 해내는 연습을 하며 시간을 보내라. 크게 성공한 사람들은 이미 다들 그렇게 하고 있다.
– 앤드류 매튜스

메이지 리그에서 22시즌을 뛰면서 714개의 홈런을 기록한 미국의 홈런왕이 베이브 루스이다. 그는 날아오는 야구공의 실밥까지 뚜렷이 보며 공을 칠 수 있었다고 한다. 그가 가만히 있는 공도 아니고 전속력으로 날아오는 공의 실밥을 볼 수 있었던 것은 남다른 시력을 가졌기 때문은 아니었다.

팀 동료들 사이에 지독한 연습벌레로 알려진 베이브가 며칠 동안 연습에 빠진 일이 있었다. 동료들은 혹시 그가 아픈 것이 아닌가 걱정이 되어 그의 방으로 찾아갔다. 방 안에서는 음악이 흘러나오고 있었다. 그리고 베이브는 음악에 취해 친구들이 들어온 것도 모른 채 마치 홈런을 치기 전의 자세로 온 신경을 집중하고 레코드판을 노려보고 있었다.

놀라서 한창이나 숨을 죽이고 그 모습을 지켜보던 동료들이 그의 이름을 몇 번이나 부르고 나서야 베이브는 동료들을 알아보고 반기는 것이었다. 동료들은 걱정스럽게 물었다.

"베이브, 연습에도 빠지고 한가하게 음악이나 듣고 있을 때인가? 도

대체 지금 뭘 하는 것인가?"

베이브가 멋쩍게 웃으며 말했다.

"실은 지금 홈런 치는 연습을 하고 있었네. 공을 제대로 치기 위해서는 날아오는 공을 정확히 볼 수 있어야 한다고 생각하거든. 그래서 돌아가는 레코드판의 바늘 끝을 공이라 생각하고 따라가고 있었네. 처음에는 회전이 빨라 바늘 끝을 놓치기 일쑤였고 어지러워 속이 울렁거리기도 했네만 어느 순간부터 음반의 회전이 느려지고 바늘 끝을 놓치지 않게 되었네."

지금도 미국인들에게 홈런의 동의어로 남아 있는 그의 이름과 그가 이룬 신화는 이렇듯 '신화적인 노력'이 있었기 때문에 가능했다.

시련과 고난

실패한 사실이 부끄러운 것이 아니다. 도전하지 못한 비겁함은 더 큰 치욕이다.
– 로버트

세계의 지붕이라고 불리는 산이 에베레스트이다. 이 산의 이름은 19세기에 이 산을 발견한 인도의 조지 에베레스트의 이름을 딴 것이다. 이 산의 명성이 널리 알려지자 많은 사람들이 이 산을 정복하려고 했다. 1954년까지 세계의 내로라하는 수많은 탐험가와 등산가가 이 산을 정복하기 위해 도전했지만 아무도 성공하지 못했다.

시련과 고난, 실패의 연속이었던 것이다. 그 사이에 이 산은 열한 명의 목숨을 앗아가기도 했다. 하지만 1953년 5월 29일 결국 이 산은 에드먼드 힐러리에 의해 최초로 정복되었다.

그러나 그가 단 한 번의 도전으로 쉽게 에베레스트를 정복한 것은 아니었다. 그는 1952년에 처음 에베레스트에 도전했다가 참담한 실패를 당한 경험이 있었다. 에베레스트 등정에 실패한 후 영국의 한 단체가 그에게 연설을 부탁했다. 그는 에베레스트 등정에 실패한 것이 쑥스러운 듯 단상에 올라갔지만 많은 청중들은 우레와 같은 박수로 그를 맞이했다. 도전하지 않는 사람에게는 실패도 없기 때문이었다.

단상에 올라간 힐러리는 청중에게 이렇게 말했다.

"지난 도전에서는 실패했지만 다음에는 성공할 수 있습니다. 왜냐하면 저 에베레스트 산은 더 이상 성장하지 않지만 내 꿈은 계속 자라나고 있기 때문입니다."

도전하고 노력하는 사람 앞에 고난은 있을지언정 좌절이나 포기는 없다. 단지 성공이 조금 늦을 뿐이다.

은총의 꽃을 피우는 토양

삶이 아무리 힘들어도 의지를 이길 수는 없다. 삶이 아무리 괴롭다 해도 해도 간절한 희망은 꺼지지 않는다. 희망이 있고 의지가 있다면 기적은 일어나게 마련이다.

독일 출신의 영국 작곡가로 1711년에는 여왕의 비호를 받을 만큼 명성을 떨치던 사람이 있었다. 그가 바로 음악의 어머니로 불리는 게오르그 프리드리히 헨델이다. 그런데 그의 인기는 어느 순간부터 점점 하락하기 시작하더니 마침내는 사람들에게 완전히 잊혀지고 말았다. 설상가상으로 갑자기 반신불수가 되는 등 건강까지 잃게 되었다.

그는 병을 고치려 했으나 빚만 잔뜩 걸머쥔 채 끝내 회복하지 못했다. 오히려 빚쟁이들에 의해 감옥에 들어가야 할 판국이었다. 그러나 그는 이런 참혹한 절망의 구렁텅이 속에서도 오늘날 위대한 명곡 중 하나로 꼽히는 오라토리오 〈메시아〉를 작곡했고 재기 불능이라는 주위의 걱정을 물리치고 재기하는 데 성공했다. 그가 고난을 당하지 않았다면 사람들의 영혼을 울리는 그와 같은 명곡은 탄생하지 못했을 것이다. 고난은 은총의 꽃을 피우게 하는 토양과도 같다.

역경을 따라다니는 명예

사람이 역경에 처했을 때는 둘러싼 환경 하나하나가 모두 불리한 것처럼 생각된다. 그러나 사실은 그것들이 몸과 마음의 병을 고칠 수 있는 힘이요 약이 된다.
– 홍자성

역경을 이긴 뒤에야 달콤한 명예가 따라온다. 명예는 결코 역경보다 앞서는 법이 없으며 항상 험난한 역경 뒤를 따라다닌다.

네덜란드 암스테르담에 남부러울 것이 없는 화가가 살았다. 이 화가에게는 아름다운 부인과 막대한 돈이 있었다. 그는 사람들이 원하는 그림을 그려 재물을 많이 모았다. 그러나 마냥 행복할 것 같았던 이 화가에게 불행이 닥쳤다. 아름다운 부인이 죽었고 가지고 있던 엄청난 돈도 다 날려버린 것이다.

부인과 돈을 잃고 나서 화가는 신앙을 가지게 되었다. 그리고 전에는 볼 수 없을 만큼 경건한 그림을 그렸다. 무엇보다 화가는 성경을 공부하며 종교적인 그림을 그려 많은 사람에게 감동을 주었다. 특히 그가 그린 그림 중에는 〈엠마오 길 위의 두 제자〉라는 그림이 있는데, 예수님이 십자가에 못 박혀 죽자 실망하여 엠마오로 내려가는 제자들을 자신의 삶에 비유해 그린 그림으로 불후의 명작이 되었다. 이 화가가 바로 네덜란드가 낳은 세계적인 화가 렘브란트이다.

승리자의 모습

　　　　　　　　사람이 할 수 없는 것이 있을까? 아무리 생각해봐도 있을 것 같지 않다. 다만 포기하지 않는다면 말이다.

　일본에 나카무라 히사코라는 여인이 있었다. 그녀는 손도 발도 없는 장애인이었다. 입으로 글을 쓰고 입과 짧은 손을 이용하여 재봉을 하고 청소와 빨래까지 남의 손을 빌리지 않고 직접 해결하면서 예순이 넘도록 힘차게 인생을 살았다. 그의 삶은 불가능은 없다는 사실을 증명해주었고 모든 신체장애자들의 등불이 되었다.

　헬렌 켈러 여사가 일본을 방문하였다. 그때 히사코가 환영 인사와 함께 감사의 뜻으로 자기가 손수 만든 인형을 선물하였다. 그 인형은 속옷에서부터 겉옷까지 모두 그녀가 만든 것이었다. 헬렌 켈러 여사는 인형을 손으로 만져보고 히사코의 몸을 어루만져 그가 손과 발이 없는 것을 확인한 다음 열렬히 포옹하고 입을 맞추며 말했다.

　"당신은 나보다도 훨씬 위대합니다. 당신은 세계의 기적입니다."

　헬렌 켈러 여사와 히사코의 포옹은 가장 거룩하고 아름다운 승리자의 모습이었다.

할 수 있다고 생각하는 사람

사람의 마음을 움직이게 하기 위해서는 진지한 열의가 반드시 필요하다. 성공은 능력보다 열정에 의해 좌우된다. 승리자는 자신의 일에 몸과 영혼을 다 바친 사람이다.

– 찰스 북스톤

세계적인 골프 선수 아놀드 파마는 '아놀드 군단'이라 불릴 만큼 수많은 사람들에게서 폭발적인 인기를 얻어왔다. 어느 날 아놀드의 경쟁자이면서 우정을 나누어 온 잭 니콜라우스가 그의 집을 방문했다. 니콜라우스는 그의 방에 아주 오래되어 찌그러진 작은 우승컵 하나만 달랑 놓여 있는 것을 보고 물었다.

"그동안 우승하면서 받은 수많은 트로피들은 어디에 보관해두었나요?"

"없소. 내가 가진 트로피는 이게 다요."

니콜라우스가 믿어지지 않는다는 듯 쳐다보자 아놀드가 말했다.

"그동안 수많은 대회에서 우승했고 수백 개의 트로피와 상을 받은 건 사실이오. 하지만 그런 건 별 의미가 없소. 그래서 나는 가장 값진 트로피 하나만 남겨두었소. 이 트로피는 내가 프로선수가 된 뒤 처음 출전한 경기에서 따낸 우승컵이오. 그때 나는 열심히 노력해서 최선을 다해 경기를 펼치겠다는 남다른 각오를 했는데 지금도 이 우승컵을 볼 때면 그때의 결심을 떠올리게 된다오. 그리고 힘들 때마다 트로피와 함께 받은 이 글귀를 보면서 마음을 다스리곤 한다오."

그러면서 그는 벽에 붙어 있는 작은 상패를 떼어 니콜라우스에게 보여주었다. 그 글을 읽어본 니콜라우스는 많은 나이에도 불구하고 늘 뒤처지지 않는 멋진 경기를 펼치는 아놀드의 성공 비결이 무엇인지를 깨닫게 되었다. 그 상패에는 다음과 같은 글이 쓰여 있었다.

"만약 당신이 패배했다고 생각하면 당신은 패배한 것이다. 만약 당신이 패배하지 않았다고 생각하면 당신은 패배한 것이 아니다. 인생의 선생은 상한 사람이나 빠른 사람에게 항싱 승리를 인거주지 않을 것이다. 조만간 승리하게 되는 사람은 자기가 할 수 있다고 생각하는 사람이다."

바람과 함께 사라지다

내가 무언가를 간절히 원할 때 온 우주는 내 소망이 실현되도록 도와준다.
– 〈연금술사〉 중에서

스물여섯의 나이에 다리 부상으로 신문사를 그만두어야 했던 마가렛 미첼은 병상에서 소설을 쓰기 시작하여 이후 10여 년의 긴 시간 끝에 《바람과 함께 사라지다》를 탈고했다. 미첼은 완성된 원고 뭉치를 들고 출판사를 찾아다녔으나 무명작가의 소설을 출판하겠다고 나서는 사람은 아무도 없었다.

그렇게 3년이 흘렀다. 미첼의 원고는 닳아져서 조금 너덜너덜해졌다. 그날도 미첼은 원고 뭉치를 들고 집을 나섰다. 밀런 출판사를 찾아갔을 때 편집장인 레이슨은 출장을 가기 위해 기차역으로 떠난 뒤였다. 미첼은 기차역으로 급히 갔다. 그녀가 기차역에 도착했을 때 레이슨은 막 기차에 오르려 하고 있었다. 미첼은 큰 소리로 레이슨을 불렀다. 레이슨이 걸음을 멈추고 미첼을 돌아보자 그녀는 그에게 다가가 원고 뭉치를 안기며 말했다.

"한 번만 읽어주세요."

레이슨은 마지못해 원고를 들고 기차에 올랐다. 덜컹거리며 기차가 움직이자 미첼은 빠른 걸음으로 기차역을 빠져나가 우체국으로 향했다.

레이슨은 원고 뭉치를 아무렇게나 내려놓고는 아예 거들떠보지도 않았다. 얼마 후 기차 내 직원이 레이슨에게 전보 한 통을 내밀었다. 전보에는 이렇게 쓰여 있었다.

"한 번만 읽어주십시오. 미첼 올림"

전보를 훑어본 레이슨은 흘깃 미첼의 원고를 쳐다보고는 이내 하던 일을 계속했다. 얼마 지나지 않아 같은 내용의 두 번째 전보가 배달되었나. 그때까지도 레이슨은 원고를 읽어볼 흥미를 느끼지 못했다.

그런데 또 다시 세 번째 전보가 배달되었다. 그제야 레이슨은 기차역에 서 있던 미첼의 얼굴을 떠올리며 조금이라도 읽어볼 생각으로 원고를 펼쳤다. 목적지에 기차가 멈추자 사람들이 하나 둘 짐을 챙겨 내렸지만 레이슨은 그것도 모른 채 미첼의 원고에 푹 빠져 있었다.

미래는 심상心相

의지가 운명을 만든다.
– 에머슨

송나라에 범문공이라는 사람이 있었다. 그는 자신의 미래가 궁금하여, 관상쟁이를 찾아가 재상이 될 수 있는지 물었다. 그의 얼굴을 이리저리 살피던 관상쟁이는 말했다.

"재상과는 연이 없는 관상입니다."

"그러면 의사는 될 수 있습니까?"

"왜 의사가 되기를 바라십니까?'

그 당시에는 의사라는 직업이 요즘처럼 인기가 있지 않았다.

"재상이 되어 힘겹게 살아가는 사람들을 구하고 싶으나 재상이 못되니 의사라도 되어서 병고에 시달리는 사람들을 돕고 싶습니다."

그러자 관상쟁이가 고개를 끄덕이며 말했다.

"관상은 색상, 골상, 심상을 보는데 당신의 색상, 골상은 도저히 재상이 될 수 없으나 심상을 보니 재상이 되고도 남습니다."

범문공은 열심히 노력하여 결국 재상이 되었다.

물은 위에서 아래로 흐르고 관상과 수상 등은 심상을 따를 뿐이다. 모든 것은 마음을 어떻게 먹느냐에 달렸다.

오마 샤리프의 열정

나는 내가 할 수 있는 한 최선의 것, 내가 아는 한 최선의 것을 실행하고 또한
언제나 그러한 상태를 지속시키려고 한다.
– 링컨

최선을 다하는 세계적인 명배우 오
마 샤리프는 항상 자신이 맡은 배역에 혼신을 다하는 배우로 알려져 있
다. 오마 샤리프가 〈닥터 지바고〉를 촬영할 때의 일이다. 그는 평소와
다름없이 촬영 시간보다 훨씬 먼저 도착해서 대본을 검토하고 있었다.
그날은 목욕을 하던 주인공이 전화벨 소리를 듣고 수건으로 몸을 닦으
며 거실로 걸어 나오는 장면을 찍게 되었다. 그가 대본을 살펴보고 있
는데 한 스텝이 다가왔다.

"촬영은 6시부터 시작되는데, 너무 일찍 오셨군요. 아직 한참을 기다
리셔야 할 텐데요……."

그는 세계적인 배우를 기다리게 한다는 것이 미안해서 조심스럽게
말했다. 그러나 오마 샤리프는 그저 가볍게 미소를 지을 뿐이었다.

잠시 뒤 대본을 다 살펴본 그는 조금 전의 그 스텝을 불렀다.

그러고는 오늘 촬영할 세트장으로 안내해달라고 했다. 스텝은 의아
한 생각이 들었지만 곧 그를 안내했다. 그런데 세트장에 들어서자 오
마 샤리프가 갑자기 옷을 벗더니 뜨거운 욕탕 안으로 들어가는 게 아닌

가. 스텝은 뜻밖의 행동에 놀랐다.

"촬영하려면 3시간이나 남았는데 왜 벌써 탕으로 들어가시는 겁니까?"

그러자 오마 샤리프는 태연하게 웃으며 이렇게 대답했다.

"저도 알고 있습니다. 하지만 촬영하기 직전에 탕 안에 들어가면 머리에서 김이 모락모락 나는 연기를 할 수 없지 않소. 내가 대본을 보니 주인공이 한참 목욕을 하다가 문을 열고 나오는 것으로 되어 있는데, 그렇다면 당연히 머리와 몸에서 뜨거운 김이 나야 하고 얼굴이 발갛게 달아올라야 하는 것 아닙니까? 그러려면 지금부터 탕 속에 들어가서 몸을 달궈야지요."

20년의 수업

실패자는 너무 빨리 단념한다. 어려울 때, 힘들 때일수록 더욱 열심히 연마해야
만 성공의 풍선을 터트릴 수 있는 것이다.
– 노만 V. 필

《뿌리》의 작가 알렉스 헤일리는 미
국 해안 경비대에서 20여 년을 근무했다. 그는 이 기간을 작가가 되기
위한 수업기간이었다고 털어놓았다.

화물선을 타고 나갈 때마다 약 2개월간을 바다에서 보내야만 했던
그는 끝없이 펼쳐지는 바다를 보며 작가에 대한 꿈을 키워나갔다. 그
러나 당장 직장을 그만두고 작가로 나서기에는 자신의 실력이 형편없
다는 것을 그는 누구보다도 잘 알고 있었다.

그래서 처음에는 고향 사람들에게 편지를 쓰기 시작했다. 배 위에서
의 생활, 외로운 바다 풍경 등 일상적인 이야기들을 편지로 보내면서
그는 점점 글쓰기에 대한 재미를 붙여나갔다. 고된 일을 하면서도 틈
틈이 편지와 일기쓰기를 게을리 하지 않았던 그에게 어느 날 동료 승무
원이 찾아왔다.

"알렉스, 자네가 편지 쓰기를 좋아한다는 걸 알고 왔네. 제발 내 대신
애인에게 편지 한 통만 써주게. 난 글이라면 너무 서툴러서……."

알렉스는 기꺼이 그 일을 맡았다. 소문은 삽시간에 배 안에 퍼졌고

너도나도 알렉스에게 연애편지를 부탁했다. 알렉스는 역시 거절하지 않고 밤을 새우면서 편지를 썼다. 그때 그는 어렴풋이 '나도 작가가 될 수 있겠구나.' 라는 작은 희망을 가슴에 품게 되었다. 그는 그렇게 20년을 배 위에서 지냈다. 물론 편지 쓰기 담당은 늘 알렉스였다.

그리고 20년이 지난 어느 날이었다. 알렉스는 작가의 꿈을 실현하기 위해 드디어 배에서 내렸다. 직장을 그만둔 후 그는 본격적으로 20여 년 동안 갈고 닦은 실력을 시험해보기로 마음먹은 것이다. 지독한 가난과 중년의 나이, 실패할지도 모르는 불안감 속에서도 기꺼이 새로운 세계에 뛰어든 알렉스에게는 20년 동안 갈고 닦은 실력이 있었다.

포기하지 말라

인간의 죽음은 패배했을 때가 아니라 포기했을 때에 온다.
– 닉슨(미국 37대 대통령)

윈스턴 처칠은 20세기의 가장 뛰어난 정치가 중의 한 사람이었다. 그는 중학교 때 영어에서 늘 낙제점을 받았기 때문에 3년이나 유급을 당했다. 육군사관학교에도 들어가지 못하여 포병학교에, 그것도 명문의 자제라는 특전 때문에 겨우 입학이 허락되었다. 그랬던 그가 먼 훗날에는 옥스퍼드 대학의 졸업식에서 축사를 하게 되었다. 그는 우레와 같은 박수를 받으며 위엄있게 연단으로 걸어나와서 천천히 모자를 벗어놓고 청중을 바라보았다. 청중은 숨소리를 죽이며 그의 말을 기다렸다.

"포기하지 말라."

이것이 그의 첫마디였다. 잠시 동안 그는 천천히 청중석을 둘러보았다. 사람들은 조용히 그의 다음 말을 기다렸다. 처칠은 목청을 가다듬고 다시 소리쳤다.

"포기하지 말라!"

그러고는 위엄으로 가득 찬 동작으로 연단에서 걸어나왔다.

바다의 폭풍

초인이란 필요한 일을 견디어 나아갈 뿐 아니라 그 고난을 사랑하는 사람이다.
- 니체

영국의 위대한 화가 터너의 작품 중에는 〈바다의 폭풍〉이라는 제목의 그림이 있다. 터너는 폭풍을 그리기 위해 네덜란드의 해변을 찾아갔다. 그리고 한 어부에게 바다에 폭풍이 불어오면 자기를 갑판 돛대에 묶고 배를 띄워달라고 간청하였다.

엄청난 폭풍이 밀어닥쳤다. 폭풍이 몰아치는 바다에서 터너는 견딜 수 없는 고통을 이겨내면서 폭풍을 직접 몸으로 생생하게 느끼고 부딪쳐보았다. 그 뒤에 돌아와서 그린 그림이 바로 〈바다의 폭풍〉이다. 폭풍에 대한 이러한 체험은 한낱 고통으로 끝나버린 것이 아니라 그 어느 것으로도 바꿀 수 없는 값진 재산이 되었다.

우드 백신의 탄생

무엇이든 성취할 수 있다는 자신감, 이러한 열의 없이 위대한 일이 성취된 예는
없다.
- 에머슨

18세기 유럽 사람들의 주요 사망원
인은 천연두였다. 많은 의사들이 이 병의 치료제를 만드는 데 노력했
으나 별 진전이 없었다. 당시 서민들 사이에서는 한 번 우두에 걸린 사
람은 천연두에 걸리지 않는다는 이야기가 널리 퍼져 있었다. 그러나
의학계에서는 터무니없는 소리라며 아무도 그 진위를 확인하려 하지
않았다.

그 무렵 어느 시골 마을의 외과의사인 제너는 우연히 한 마을 처녀를
진찰하게 되었다. 결과는 천연두였다. 제너가 천연두에 걸렸다고 하자
처녀는 펄쩍 뛰면서 말했다.

"천연두라고요? 그럴 리가, 전에 우두에 걸린 일이 있는데요?"

무심코 이 말을 들은 제너는 혹 우두가 천연두에 예방효과를 지니고
있는 것이 아닌가 하는 생각을 하고 동료 의사들에게 자신의 견해를 털
어놓았다. 친구들은 너털웃음을 터뜨리며 근거 없는 낭설을 믿느냐며
제너를 비웃었다. 그 후 제너는 런던으로 가서 유명한 의사이자 해부
학자인 존 헌터 박사의 제자가 되었다.

그때까지도 우두와 천연두의 의문을 풀지 못한 제너는 스승에게 아주 조심스럽게 자신의 견해를 밝혔다. 흰머리가 성성한 헌터는 제너를 지그시 바라보더니 이렇게 말했다.

"왜 생각만 하고 있는 건가. 왜 실험해보려고 하지 못하는 건가!"

스승의 말은 제너에게 찬물을 확 끼얹는 듯한 충격으로 다가왔다. 그는 고향으로 다시 돌아갔다. 그리고 곧바로 천연두 예방 연구를 시작했다. 그러나 제너의 천연두 예방법은 심한 비난 속에 엉뚱하게 퍼져 나갔다.

'제너는 소의 젖에서 나오는 병균을 사람 몸에 투입시켜 인간을 동물로 만들려 한다.'

'종두를 맞으면 소처럼 얼굴이 변하고 뿔이 난다.'

대개가 이런 소문이었다. 그러나 제너는 자신의 의지를 굽히지 않고 연구를 계속했다. 그리고 자신의 세 아들에게 우두 백신을 접종하여 자신의 연구 성과를 세상에 알렸다. 마침내 종두예방법이 책으로 엮여져 나왔을 때는 종두 연구를 시작한 지 20년이 지나 있었다.

미켈란젤로의 모세상

감정과 의지에서 나오지 않는 예술은 참된 예술이라고 할 수 없다.
– 괴테

　　　　　　　미켈란젤로가 예술사에서 중요한 비중을 차지하고 있다는 사실은 전혀 이론의 여지가 없다. 그는 모든 시대의 그 어떤 조각가보다 탁월한 조각가이다. 거대한 모세상은 그의 걸작품 중의 하나로 근 4백여 년간 인류의 심금을 울리고 있다.

　그러나 미켈란젤는 자신의 작품에 결코 만족하지 못했다. 그의 최대의 걸작인 모세상이 완성되었을 때의 일이다. 미켈란젤로는 완성된 자신의 작품을 살펴보았다. 그러다가 갑자기 화가 난 그는 불로 모세상의 발등을 부수면서 "왜 너는 말을 하지 않느냐?"라고 울부짖었다. 차가운 대리석에 생명력을 불어넣으려는 그의 이상 때문이었다.

　오늘날 우리는 미켈란젤로의 모세상 발등 위에 난 좁고도 긴 홈을 볼 수 있다. 이 홈이야말로 그가 자신의 꿈을 완성시키지 못한 사람이라는 것을 말해주는 상징인 것이다. 또한 이것은 불가능한 것을 시도함으로써 대가가 된 사람들을 상징하고 있다. 그들은 자기만족에 도취하여 잠들어 버리지 않고 스스로에게 끊임없는 채찍을 가했던 것이다.

일하는 농부

쉬운 길, 편안한 길로 가는 사람은 성공의 묘미를 못 느낀다. 어려움 없이 성취
되는 것은 하나도 없다.
- 노만 V. 필

만종의 화가 밀레는 아내를 잃고 재
혼했다. 아버지가 되었으나 경제 사정은 더욱 악화되어 비참하게 되었
다. 그는 자기에게 1백 프랑을 가져온 친구 미술가에게 말했다.

"이틀 동안 우리는 아무것도 먹지 못했네."

그 후 어떤 화상의 말에 따라 누드화를 그렸는데 그림이 잘 팔려 가
족들에게 음식을 사 먹일 수 있었다. 그런데 어느 날 밀레는 그림 전시
장 앞에서 두 청년이 하는 말을 들었다.

"저 매혹적인 멱 감는 여인을 보게. 누가 그린 것일까?"

"밀레라는 놈이야. 그는 벌거벗은 여자가 아니면 그리지를 않는다
네."

밀레는 충격을 받았다. 그는 돌아와 아내에게 고통을 참아줄 수 있다
면 이제부터는 단순히 호구지책을 위해서 나체화 따위를 그리지 않고
자신이 좋아하는 '일하는 농부'를 그리겠다고 했다. 아내 역시 동의했
다.

그는 특별히 그려달라고 위탁해온 5백 프랑을 가지고 파리 동남쪽

바로비종 농촌으로 이사한 후 조그만 농가를 얻었다. 헛간을 화실로
만들고 도시에서 신던 구두를 나막신과 바꾸어 신고 농부가 되어버렸
다. 선한 생활을 위하여 고난을 각오하고 나선 것이다.

고난은 성공의 디딤돌

뚜마스라고 하는 이가 리블이라는 유명한 시인에게 "무엇이 그대를 시인으로 만들었느냐?"라고 물었을 때 그는 서슴지 않고 "고난"이라고 대답했다

누가 카네기에게 "어떻게 그렇게 부를 이루었느냐?"라고 물었을 때 그는 "부자가 되는 것에 가장 필요한 조건은 가난한 집에 태어나는 것이다."라고 하면서 "가난의 밑바닥에서 그 고통을 골수에 사무치게 맛본 자가 그 밑바닥에서부터 분기하는 일이 아니고서는 큰 부를 이룰 수 없는 것이다."라고 말했다.

위대한 음악가 베토벤은 귀머거리였으며 영국의 대문호 밀턴은 장님이 되어서 《실락원》이라는 걸작을 썼다.

유명한 교육자 페스탈로치는 말했다.

"내 일생의 고난은 나의 풍족한 생활에서 가져온 것보다 더 많은 가치를 가져왔다. 내 일생의 고난은 내가 만일 행복하였더라면 결코 성취하지 못했을 것을 내 안에서 성취하게 하였다. 고난과 눈물이 나를 높은 예지로 이끌었다. 보석이나 즐거움은 결코 이것을 만들지 못했을 것이다.”

　어리석은 자는 고난 앞에 절망하지만 현명한 자는 고난을 유익으로
바꾸어가는 것이다.

인생의 의미

인생이란 무엇일까? 바로 여러분이며 나 자신이지 않을까? 아무리 화려한 수사로 인생을 포장해도 바로 자신이지 않으면 인생은 의미가 없다. 자신의 인생은 자신이 의미를 만들고 그 의미를 자신이 색칠해가는 것이다.

위대한 철학자이자 교육학자인 존 듀이는 93세로 세상을 떠나기 전까지 끊임없이 연구하여 많은 논문을 발표했다. 죽기 얼마 전에는 뼈를 다쳐 집안에 갇혀 지내면서도 책을 출간하는 등 그가 평소 계획해두었던 일들을 계속했다.

그는 많은 활동을 한 만큼 많은 영예도 누렸다. 국내외 13개 대학교에서 명예학위를 받았고 중국 정부로부터 제이드 훈장, 칠레 정부로부터는 메리트 훈장을 받았다. 그리고 전국교육협회 회장과 미국 철학학회 종신 명예회장에도 임명되었다. 또한 그의 70, 80, 90회 생일에는 전국 여러 도시에서 만찬과 파티를 열어 위대한 학자의 장수를 축하해주었다.

그가 고향 벌링턴 시에서 열린 90회 생일축하 파티에 참석했을 때의 일이다. 그날의 만찬에는 듀이가 입양한 세 명의 자녀를 포함해 일곱 명의 자녀들이 모두 모였고 그의 친척들, 많은 유명 인사들이 참석한 가운데 들뜬 분위기였다. 그때 듀이는 자신을 의사라고 소개한 한 젊은이로부터 질문을 받았다.

"어떻게 하면 선생님처럼 위대한 생애를 영위할 수 있겠습니까?"

듀이는 엉뚱한 질문을 받고도 전혀 당황한 기색 없이 대답했다.

"산에 오르게."

"산에 올라 무엇을 합니까?"

"다시 올라갈 다른 산을 보기 위해서라네."

감추어진 재능

인생에는 가끔 신비한 만남이 찾아와서 우리를 인정해주고 우리가 어떤 사람이
될 수 있는가를 일깨워준다. 그리하여 우리가 가진 큰 가능성이 비로소 빛을 발
하기 시작한다.
– 루스티 베르쿠스

　　　　　　　　　　로댕의 아버지는 주위 사람들에게
언제나 이렇게 말했다.

"나는 바보 천치 아들을 두었어."

사람들이 모두 그 말에 수긍할 만큼 로댕은 바보스러운 아이였다. 실
제로 그는 학교에서 가장 열등한 아이로 지목받았다. 로댕은 학업 능
력이 부족하여 미술학교에 입학하는 데에 세 번이나 실패할 정도였다.

로댕이 장차 미술에서 뛰어난 재능을 나타낼 것이라고 생각한 사람
은 아무도 없었다. 로댕의 삼촌도 그를 교육시키는 것은 불가능하다고
말하기까지 했다. 그때까지는 로댕의 잠재적인 재능을 아무도 발견하
지 못했다.

하지만 로댕이 자신의 재능을 발휘하기 시작하면서부터는 어느 누구
보다도 훌륭한 조각가가 되었다.

세상에서 완벽한 존재란 없다. 사람은 누구나 성장하고 발전하며 새
로운 지식과 재능을 발휘할 가능성을 가지고 있다. 주변의 평가에 의
기소침하거나 좌절하지 않고 자기 가능성을 돌아보고 찾아낸다면 누

구나 의미 있는 삶을 살 수 있다. 로댕의 경우처럼 천부적인 재능은 그것이 발휘될 때까지 아무도 알 수 없다.

자신의 재능은 자신의 내부에 있다. 다른 사람이 어떻게 판단하는가는 별로 중요하지 않다. 가장 중요한 문제는 스스로 자신의 감추어진 재능을 발견하는 것이고 그것을 유감없이 발휘하는 것이다.

나를 파는 일

인생에 있어서 성공하기를 바라는 사람은 굳은 참을성을 벗으로 삼고 경험을 현명한 조언자로 하며 주의력을 형으로 삼고 희망을 수호신으로 한다.
– 에디슨

하루 평균 여섯 대, 12년 동안 1만 3천여 대를 팔아 12년 연속 기네스북에 오른 미국의 자동차 세일즈맨이 있다. 그의 이름은 조 지라드이다. 그의 성공은 한 사람을 만나도 늘 250명의 고객을 만나는 것과 같이 행동한 것에서 시작한다.

어느 날 파티에 참석한 지라드는 우연히 사람들의 숫자를 세었다. 약 250명이었다. 다른 파티에 갔을 때도 그곳에 모인 사람들 역시 250명 정도였다. 지라드는 뭔가 이상하다는 생각에 파티라는 파티는 다 찾아다니며 사람들의 숫자를 세기 시작했 다. 과연 어느 파티에든 250명 정도의 사람들이 모여 있었다. 그는 곧 이 250이라는 공통된 숫자가 가지는 의미를 찾아냈다. 바로 한 사람의 인간관계 범위가 250명정도 된다는 사실이었다.

그는 이것을 자신의 자동차 세일즈에 적용했다. 한 사람의 고객을 얻으면 250명의 고객을 얻는 것과 같다. 바꿔말하면 한 사람의 고객에게 신뢰를 잃으면 그것은 곧 250명의 고객을 잃는 것이다.

지라드는 고객에게 파는 자동차보다 더 나은 차를 타지 않았고 고객이 상담 중에 담배를 찾느라 주머니를 뒤적일 때는 재빨리 열 가지 종류의 담배를 꺼내놓았다. 고객이 담배를 선택하면 담뱃갑을 뜯어 불을 붙여주고 남은 담배는 고객의 주머니에 넣어주었는데, 이때 자기 이름이 인쇄된 성냥갑도 함께 넣어주었다.

이렇게 그는 자동차를 팔기 전에 먼저 팔아야 할 것이 세일즈맨 자신이라고 생각했다.

나이가 성공을 막지는 못한다

사람은 나이를 먹는 것이 아니라 포도주처럼 익는 것이다.
– 필립스

독특한 맛으로 세계인의 입맛을 사로잡은 켄터키 후라이드 치킨(KFC). 그 출입문 앞에 푸근한 웃음을 짓고 서 있는 할아버지가 바로 창업주인 커넬 할랜드 샌더스이다.

초등학교도 졸업하지 못한 커넬은 열다섯 살에 처음 직장 생활을 시작하여 농장 인부, 자동차 페인트공, 보험설계사 등 여러 직업을 전전하다가 39세가 되던 1929년에 켄터키 주 코빈이라는 작은 마을에 주유소를 차렸다. 어느 날 한 손님이 이 마을에는 마음에 드는 식당이 하나도 없다고 투덜대는 소리를 듣고서 그는 귀가 번쩍 뜨였다.

그는 어릴 때부터 요리라면 자신 있었으므로 곧바로 주유소 뒤 창고에 탁자 하나와 의자 몇 개를 놓고 여행자를 위한 식당을 열었다. 이 허름한 창고 식당의 닭튀김이 맛있다는 소문이 나자 손님이 밀려들었다.

나날이 가게가 번창해 커넬은 아예 국도 변에 '샌더스 카페'라는 식당을 차렸는데, 이곳이 바로 KFC의 고향인 셈이다.

샌더스 카페의 인기 메뉴인 닭튀김은 열한 가지 양념으로 독특한 맛을 내고 압력솥에 튀겨 느끼하지 않은 것이 장점이었다. 그는 음식의 질뿐만 아니라 서비스와 청결에도 신경을 썼다.

그런데 새 고속도로가 뚫리면서 샌더스 카페에는 손님이 하나 둘씩 줄어 급기야 가게 문을 닫아야 하는 위기에 처했다. 상황은 계속 악화되어 식당은 결국 경매로 넘어가게 되었다. 그때 커넬이 연금을 받으면서 여생을 마무리했다면 지금의 KFC는 탄생하지 못했을 것이다. 평소에 '죽는 날까지 열심히 일한다.'는 좌우명을 가졌던 커넬은 65세에 재기의 의지를 다졌다.

그는 자동차 트렁크에 압력솥과 양념을 싣고 곳곳의 레스토랑을 찾아다니면서 자신의 치킨 맛에 호의를 갖는 식당 주인들과 프랜차이즈 계약을 맺기 시작했다. 여관비를 아끼기 위해 자동차에서 잠을 자고 주유소 화장실에서 면도를 하면서 수많은 레스토랑을 찾아다닌 지 2년이 지나자 다섯 개의 체인점을 모집할 수 있었다. 4년 뒤인 1960년에는 체인점 수가 200개를 넘어섰고 지금은 전 세계 80여 개국에 1만여 개의 매장이 생길 만큼 큰 성공을 거두었다.

1980년, 90세의 나이로 삶을 마칠 때까지 그는 각 나라의 매장을 두루 돌아다니며 일했다. 방문한 가게의 요리가 시원치 않을 경우 직접 주방으로 들어가 앞치마를 두르고 손자뻘 되는 종업원들을 가르치는 열의를 보이기도 했다.

생전에 다른 사람들을 즐겁게 하는 일을 비즈니스 신조로 삼았던 그는 나이가 결코 성공을 가로막는 장벽이 될 수 없음을 가르쳐주었다.

석유왕

꿈을 밀고 나가는 힘은 이성이 아니라 희망이며 두뇌가 아니라 심장이다
- 도스토예프스키

미국 스텐더스 석유회사의 직원인 애치볼드는 '한 통에 4달러' 라는 별명으로 불렸다. 이것은 일에 대한 열정이 남달랐던 그가 출장지의 호텔 숙박부에 자신의 이름을 적으면서 옆에 작은 글씨로 '한 통에 4달러, 스텐더스 석유 회사입니다.' 라는 문구를 빠뜨리지 않고 기록한 사실이 알려지면서 생긴 별명이다.

그의 동료들은 숙박부의 이름 옆에 적는 그 문구가 무슨 의미가 있느냐고 그것은 바보 같은 짓이라 말했다. '한 통에 4달러' 는 조롱과 야유가 섞인 별명이었던 것이다. 하지만 애치볼드는 언젠가는 자신의 작은 노력이 쌓여 회사에 큰 도움을 줄 수 있을 거라는 믿음을 가지고 있었다.

그러던 어느 날이었다. 캘리포니아의 한 작은 도시로 출장을 간 그는 늦은 밤이 되어서야 호텔을 찾았다. 숙박부를 쓰고 방으로 돌아와 침대에 누운 그는 몹시 피곤했다. 그런데 갑자기 숙박부에 이름만 쓰고 왔다는 것을 깨달았다. 그는 다시 옷을 챙겨 입고 내려가 종업원에게 숙박부를 달라고 하고서는 '한 통에 4달러, 스텐더스 석유 회사' 라는 글을 적어 넣었다. 그러자 그의 행동을 옆에서 유심히 바라보던 한 신사가 왜 그런 것을 적는 지 물었다.

"우리 회사를 조금이라도 많은 사람들에게 알리려는 겁니다. 혹시 이 호텔을 찾은 손님 중에서 갑자기 석유가 필요한 분이 있다면 제 숙박계를 본 종업원들이 우리 회사의 것을 권할 확률이 있지 않겠습니까?"

그로부터 한 달이 지난 어느 날 애치볼드는 영문도 모른 채 록펠러의 특별 초청을 받았다. 그리고 캘리포니아의 호텔에서 만났던 그 신시기 바로 록펠러라는 사실을 알게 되었다. 록펠러는 그에게 "당신처럼 일에 열중하는 사원과 함께 일해보고 싶다."고 제의했다, 그 후 애치볼드는 석유왕이 되었다. 노력하는 사람 앞에는 아무런 장애물도 없다.

8

감동, 가장 순수한 영혼의 떨림

강하고 큰 것은 아래에 머물고 부드럽고 약한 것은 위에 있게 되는 것이 자연
의 법칙이다. 천하의 지극히 부드러운 것이 천하의 강한 것을 지배한다.

폭탄보다 강한 무기

강하고 큰 것은 아래에 머물고 부드럽고 약한 것은 위에 있게 되는 것이 자연의
법칙이다. 천하의 지극히 부드러운 것이 천하의 강한 것을 지배한다.
- 노자

원자폭탄이 처음 제조되어 세상에 알려졌을 때 사람들은 원자폭탄의 엄청난 힘과 파괴력에 놀랐다. 투하될 경우 한꺼번에 수많은 사람들의 목숨을 앗아가고 그 후유증이 몇 십 년씩이나 계속 이어지고 살아남은 사람에게까지 지독한 고통을 짊어지게 하는 원자탄은 그 이후 두려움의 대상이 되었다.

원자폭탄은 이제 모든 전쟁을 승리로 이끌게 하는 현대전의 중요한 무기가 되었고 강대국들은 자국의 이권을 위해 원자탄 제조를 비밀리에 추진하기에 이르렀다. 그러나 강대국들이 앞을 다투어 원자탄을 만들자 원자탄은 전쟁에서 그 어떤 나라에도 승리를 가져다주지 못했다. 오히려 원자탄을 갖고 있는 나라들끼리 서로를 경계하며 주시하기만 할 뿐이었다.

어느 해 미국에서 비밀회의가 극비리에 열렸다. 최초의 원자폭탄 제조를 감독한 오펜하이머 박사를 비롯하여 국방성의 고위급 관리들이 참석한 이 회의는 더욱 강한 원자탄을 연구하기 위한 것이었다. 오펜하이머 박사에게 수많은 질문이 던져졌다. 그때 한 고위관리가 이렇게

물었다.

"원자폭탄보다 강한 무기가 있습니까? 또 만약 적들이 원자탄으로 공격해올 경우 그것을 막아낼 방어무기는 없습니까?"

질문을 받은 오펜하이머 박사는 얼굴에 미소를 띠며 자신 있게 대답했다.

"원자폭탄보다 강한 무기는 현대의 기술로는 만들어낼 수 없습니다. 그러나 원자폭탄을 막아낼 수 있는 무기는 있습니다."

그러자 회의장에 모인 사람들이 그 신무기에 대해 깜짝 놀라며 그것이 무엇이냐고 물었다.

"그것은 이 세상에 단 하나뿐인 무기, 바로 '평화' 라는 것입니다."

링컨 대통령

고결한 정신이 아름다운 것은 잇따른 가혹한 불운에서도 결코 그것을 괴롭다고
느끼지 않아서 생기는 것이 아니라 그 사람의 마음이 높고 영웅적인 기개를 지
녔기 때문에 침착하고 냉철하게 대처한 상황에서 더욱 돋보이며 빛나는 것이다.
– 아리스토텔레스

　　　　　　　　　　남북전쟁이 한창일 때 링컨은 종종
부상당한 병사들이 입원해 있는 병원을 방문했다. 한번은 의사들이 심
한 부상을 입고 거의 죽음 직전의 젊은 병사가 있는 곳으로 링컨을 안
내했다. 링컨은 병사의 침상 곁으로 다가가서 물었다.

"내가 당신을 위해 할 수 있는 일이 없겠소?"

병사는 링컨을 알아보지 못하는 것이 분명했다. 그는 간신히 이렇게
속삭였다.

"저의 어머니에게 편지 한 통만 써주시겠어요?"

펜과 종이가 준비되었다. 대통령은 정성스럽게 젊은이가 말하는 내
용을 적어 내려갔다.

"보고 싶은 어머니, 저는 저의 의무를 다하던 중에 심한 부상을 당했
습니다. 아무래도 회복되지 못할 것 같군요. 제가 먼저 떠나더라도 저
때문에 너무 슬퍼하지 마세요. 존과 메리에게도 저 대신 입 맞춰 주시
고요. 신께서 어머니와 아버지를 축복해주시기를 빌겠어요."

병사는 기력이 없어서 더 이상 얘기를 계속할 수가 없었다. 그래서

링컨은 젊은이 대신 편지 말미에 서명을 하고 이렇게 덧붙였다.

'당신의 아들을 위해 에이브러햄 링컨이 이 편지를 대필했습니다.'

젊은 병사는 그 편지를 자기에게 보여달라고 부탁했다. 그는 편지를 대필해준 사람이 누구인가를 알고는 깜짝 놀랐다. 병사가 물었다.

"당신이 정말로 대통령이신가요?"

링컨이 조용히 대답했다.

"그렇소. 내가 대통령이오."

그런 다음 링컨은 자신이 할 수 있는 다른 일이 없는가를 그에게 물었다. 병사가 말했다.

"제 손을 잡아주시겠습니까? 그렇게 하면 편안히 떠날 수 있을 것 같습니다."

조용한 실내에서 키가 크고 수척한 링컨 대통령은 청년의 손을 잡고 그가 숨을 거둘 때까지 따뜻한 용기의 말들을 나지막이 들려주었다.

한 손으로 박수를 치는 법

　　　　　　　미국의 가장 유명한 연예인 중의 하
나였던 지미 듀란테는 제2차 세계대전의 참전 용사들을 위한 쇼에 출
연해달라는 요청을 받았다.

　지미 듀란테는 쇼 기획자에게 자신의 스케줄이 너무 바쁘기 때문에
단 몇 분밖에 출연할 수 없다고 설명했다. 그는 간단한 원맨쇼를 한 뒤
에 곧바로 내려와도 된다면 기꺼이 출연하겠다고 말했다. 쇼 기획자로
서는 그렇게라도 지미 듀란테를 무대에 세울 수 있다면 대성공이었다.
그런데 막상 그날이 되어 지미 듀란테가 무대 위로 올라가자 이상한 일
이 일어났다.

　그는 짤막한 원맨쇼를 끝내고도 무대에서 내려올 생각을 하지 않았
다. 박수소리가 점점 더 커지고 지미 듀란테는 계속해서 쇼를 진행해
나갔다. 이 광경을 무대 뒤에서 바라보던 쇼 기획자는 매우 흡족한 미
소를 지었지만 한편으로 지미 듀란테의 마음이 변한 이유가 무엇인지
무척 궁금했다. 그렇게 15분, 20분, 30분이 흘러갔다. 마침내 지미 듀
란테는 마지막 인사를 하고 무대에서 내려왔다.

무대 뒤에서 쇼 기획자가 그를 붙잡고 물었다.

"난 당신이 몇 분간만 무대에 설 줄 알았는데 어찌된 일입니까?"

지미 듀란테가 대답했다.

"나도 그럴 계획이었지만 계속 쇼를 진행한 데는 이유가 있소. 저기 무대 맨 앞줄에 앉은 사람들을 보시오."

무대 맨 앞에 두 명의 참전용사가 앉아 있었는데, 둘 다 전쟁에서 팔 한 쪽씩을 잃은 사람들이었다. 그들은 서로의 하나씩 남은 손을 부딪쳐 박수를 치고 있었다.

감격의 눈물

음악은 인간의 마음속에 존재하는 위대한 가능성을 인간에게 보이는 것이다.
– 에머슨

　　　　　　　　　　바이올린 연주자 파가니니가 이탈리
아의 국립극장에서 연주를 하기 위해 무대에 올랐다. 그를 기다리던
많은 사람들이 뜨거운 박수를 보내며 맞았다. 막 연주가 시작되었을
때 현 하나가 탁 하고 끊어졌다. 파가니니의 연주를 기대하던 많은 사
람들이 놀랐다. 하지만 파가니니는 포기하지 않고 연주를 다시 시작했
다. 그런데 또 하나의 현이 끊어졌다. 청중들은 혀를 차며 오늘은 파가
니니의 연주를 듣기 글렀다고 불만을 토로했지만 파가니니는 침착하
게 나머지 현 위에 다시 활을 올려놓고 연주를 하기 시작했다. 그런데
얼마 지나지 않아 세 번째 현이 흔들리더니 뚝 끊어지는 것이었다.

　이번에는 오히려 청중들이 파가니니가 어떻게 할까 궁금한 시선으로
그를 보고 있었다. 이제 한 줄밖에 남지 않은 현으로는 도저히 더 연주
할 수 없을 것이라고 생각했던 것이다.

　청중들의 이런 생각을 깨뜨리고 파가니니는 활을 들어 한 줄의 현을
켜 나갔다. 굵고 깊은 선율이 흘러나와 청중들의 가슴을 파고들었다.
그 소리는 소슬한 가을바람 같았다가 폭풍을 뚫고 올라가 창공을 보여

주는 듯 아름다웠다.

극장 안은 장엄했고 오히려 경이로움에 휩싸였다. 그리고 비웃던 청중들의 시선이 부드럽게 변해가며 감격의 눈물이 흘렀다.

진정 필요한 것

그 어떤 강제에 의해서라면 우리는 결코 행복하게 될 수 없다.
– 콜르리지

　　　　　　미국의 여류 소설가 펄벅 여사에게
는 딸이 둘 있었다. 불행히도 큰딸 캐롤은 자라지 않는 아이였다. 언제
부터인지 지능이 더 이상 자라지 않고 정지해버렸던 것이다. 그것을
알게 된 그녀는 한동안 충격에 휩싸였다. 게다가 그 사실을 알게 된 딸
의 친구들마저 하나 둘 떠나버렸다. 어쩌면 당연한 일이었지만 펄벅
여사에게는 이루 말할 수 없는 슬픔이었다.

　그러나 충격이 조금 가라앉자 그녀는 딸의 장래에 대해 생각하지 않
을 수 없었다. 그래서 그녀는 딸에게 글자 한 자라도 더 가르쳐 보려고
무던히 노력했다. 한 글자를 알면 그만큼 딸의 지능이 좋아질 것만 같
았다.

　그녀는 하루 종일 딸 곁에 붙어서 가르치고 또 가르쳤다. 그러던 어
느 날 펄벅 여사는 문득 정신이 번쩍 들었다. 그것은 연필을 쥐고 있는
어린 딸의 손이 땀으로 흠뻑 젖어 있는 것을 보았기 때문이다.

　"아, 내가 무엇을 하고 있는 건가! 이건 잘못하고 있는 거야. 이 아이
는 나를 기쁘게 해주려고 이렇게 최선을 다하고 있구나. 그렇지만 이

렇게 해서 글자를 깨우치고 나면 이 아이가 행복해질까?"

　그제야 그녀는 글자나 숫자를 무리하게 가르치는 것으로는 결코 딸이 행복해질 수 없음을 알게 되었다. 그녀는 딸이 뛰어다니며 밝게 웃던 모습을 생각해내고 딸에게 진정으로 필요한 것이 무엇인지 깨달았다.

천국에서는

아름다움을 사랑하는 것은 취미요, 아름다움을 창조하는 것은 예술이다.
– 에머슨

27살의 베토벤은 점점 귀가 들리지 않게 되자 사람들을 피하기 시작했다.

'다른 사람들보다 더 잘 들어야 할 내가 귀머거리가 되다니.'

그는 시골에서 홀로 지내면서 주로 산책을 하며 편안한 시간을 보냈다. 이른 아침부터 집 근처의 숲속을 걷다가 마음이 내키면 나무 밑에 앉아 책을 읽었다. 그러면서 차츰 충격에서 벗어나 다시 작곡을 시작할 수 있었다.

아무런 소리도 들리지 않았지만, 그의 음악은 그가 살아온 인생만큼 격정적이고 장렬했으며 외롭고 불행할수록 작품은 더 빛을 발했다.

마지막 교향곡인 9번 '환회의 송가'가 완성되었을 때 베토벤은 직접 오케스트라와 합창단의 지휘를 맡게 되었다. 아무런 소리도 들을 수 없었지만 마음속의 악보를 따라 지휘했다. 연주가 끝났을 때 청중들의 반응을 알지 못하는 베토벤은 가만히 서 있었다.

수석 바이올리니스트가 그런 베토벤을 정중하게 청중을 향해 돌려 세웠다. 관객 모두가 일제히 일어선 채 박수를 보내며 열광하고 있었다. 그의 눈에서는 하염없이 눈물이 흘렀다.

그 뒤 힘들고 외로운 생애를 마감할 때까지 베토벤은 이날의 감동을 잊지 못했고 마지막에 쓴 유서에는 다음과 같은 글이 쓰여 있었다.

"천국에서는 들을 수 있겠지……."

피콜로의 행방

> 모스크바로 가는 길 위에서 나폴레옹을 패배시킨 것은 대포가 아니라 작은 눈송이의 힘이었다.
> – 제임스 라이드

　　　　　　명지휘자로 유명한 미카엘 고스타 경이 이끄는 오케스트라가 곧 있을 연주회를 앞두고 리허설을 하고 있었다. 시간이 흐르면서 연주가 점점 절정을 향해 치달았고 모든 악기는 신들린 듯 흥겹게 자기의 소리를 토해냈다. 바로 그 순간 피콜로를 연주하던 악사에게 한 가지 의문이 생겼다.

　'백 개나 되는 악기가 이렇게들 큰 소리로 연주되고 있는데, 과연 이 작은 피콜로가 소용이 있단 말인가? 내가 소리를 내지 않더라도 연주에 별다른 지장을 주지 않을 거야.'

　이런 생각이 든 그는 피콜로 연주를 잠시 중단하고 말았다. 그러자 미카엘 고스타 경이 즉시 연주를 멈추고 큰 소리로 외쳤다.

　"피콜로는 어디 갔나?"

세상 속 아름다움

세상의 비밀을 풀어나갈 수 있는 것은 사색의 힘이다.
– 그라시안

아름나운 시를 써서 노벨문학상을 받은 타고르는 아름다운 삶을 살고자 노력했다. 그는 아름다운 시를 지었을 뿐 아니라 삶 자체가 잘 써진 한 편의 시와 같았다.

밝은 달이 뜬 어느 날 밤 타고르는 나룻배 안에 작은 촛불을 켜놓고 유명한 철학자 크로체가 쓴 미학 서적을 읽고 있었다. 밤이 깊어 크로체의 난해한 이론에 피곤해진 타고르는 책을 덮고 촛불을 껐다. 잠자리에 들 생각이었다. 그런데 지금껏 한 번도 보지 못한 것을 발견하게 되었다. 촛불을 끄는 순간 창문을 통해 달빛이 흘러들어왔다. 푸른 은빛의 달빛은 나룻배 안을 가득 채우고 타고르의 마음에도 가득 찼다.

순간 타고르는 아뜩할 정도로 정신이 들었다. 그것은 놀랍고도 신성한 경험이었다. 그는 잠을 청하려던 마음을 바꾸어 밖으로 나갔다. 고요하다 못해 적막한 밤하늘에 떠 있는 달은 너무나 아름다웠고 달빛을 받으며 흘러가는 강물 역시 숨 막히게 아름다웠다. 한참을 뱃전에 기대어 아름다운 광경을 바라보던 타고르는 그날 밤 일기를 썼다.

"아름다움이 나를 온통 둘러싸고 있었다. 그럼에도 불구하고 나는

그것을 모르고 아름다움에 대한 책에 파묻혀 있었다. 아름다움은 책 속에 있는 것이 아니라 세상 속에 있었다. 내가 켜놓은 작은 촛불이 그 아름다움을 가리고 있었다."

결혼 예물

책은 절대적으로 죽은 사물이 아니다. 그곳에는 그들의 자손이 자기와 같이 활
발한 영혼이 되기를 원하는 생명력이 있다. 그렇게 그들은 자손을 길러줄 지성
의 가장 순수한 효험과 추출물을 약병에 담은 것처럼 보관하고 있다.
- J. 밀턴

문장에 능하고 의학에 정통했던 유효통 선생의 아들이 정승 황보인의 딸에게 장가를 갔다. 당시의 풍속으로 돈 많은 사람은 장가를 갈 때 진귀한 패물을 함에 담아 예물로 보냈는데, 많이 보내는 사람은 함이 서너 개가 되기도 했다.

유 씨의 아들도 함을 예물로 보냈는데, 황보인이 여러 손님들 앞에서 그 함을 열어보니 모두 책뿐이었다. 그 자리에 있던 손님들이 깜짝 놀랐다. 나중에 황보인이 사돈 유 씨를 만나 그 이유를 물으니 이렇게 대답했다.

"황금이 상자 가득하더라도 자식에게 한 권의 경서를 가르치는 것만 못하다는 옛말이 있으니 혼인 날 함에 어찌 책을 예물로 넣지 못하겠습니까?"

행복의 열쇠

세상은 그대의 의지에 따라 그 모습이 변한다. 동일한 상황에서도 어떤 사람은
절망하고 어떤 사람은 여유 있는 마음으로 행복을 즐긴다.
– 그리시안

역사학자 윌 듀란트는 그의 연구생
활과 학식에서 행복을 찾아보았다. 많은 지식을 쌓았지만 지식만으로
행복할 수 없음을 깨달았다. 여행을 해보았으나 권태만을 느꼈다. 재
산을 모아보았으나 근심과 불화만 발견하였다. 저술에 몰두하여 보았
으나 피곤하기만 했다.

어느 날 그는 뜻밖에 참으로 아름다운 한 장면을 목격하였다.

한 여인이 작은 차 안에서 잠자고 있는 아기를 팔에 안고 앉아 있었
다. 조금 있으니 한 남자가 기차에서 내려 그 여인에게 다가가더니 아
기가 깨지 않도록 조심스럽게 여인과 아기에게 입을 맞추는 것이었다.
잠시 후 그들이 승용차를 몰고 가는 것을 지켜보던 듀란트는 가슴에 뭔
가가 뭉클하는 것을 느꼈다.

제일 값진 선물

자기가 가지고 있는 지식을 선물로, 그리고 다른 사람들을 도와주는 수단으로
생각해야 한다. 그런 사람이야말로 강하고도 지혜가 뛰어난 사람이다
– 러스킨

선물의 가치는 주는 사람에 의해 정해지는 것이 아니라 받는 사람에게 달려 있다. 천금을 주고 산 선물이라도 받는 사람이 부담스러워하거나 받으나마나 한 선물이라면 별 가치가 없다. 하지만 너무나 작아 보잘 것 없는 사소한 것이라도 받은 이가 흡족해하고 만족한다면 그 가치는 천금이 아니라 만금을 주고 산 것보다 더 소중한 선물이 될 것이다.

찢어지게 가난한 이중섭 화가가 어느 날 앓아누워 있는 친구를 문병하러 갔다.

"그렇지 않아도 자네가 보고 싶었다네. 마침 잘 왔네."

"미안하네. 진작 찾아오려 했지만 빈손으로 오기도 뭣하고 해서."

"이 사람아, 그게 무슨 소린가? 자네 형편 다 아는데 빈손으로 오면 어때서…… ."

이중섭 화가는 들고온 물건을 친구에게 건네주며 말했다.

"자네 주려고 가지고 왔네. 이걸 가지고 오느라고 늦어진 걸세. 천도를 그려 왔다네."

복숭아를 사다 줄 돈이 없어 복숭아를 그려 온 이중섭 화가의 우정에 친구는 그만 눈물을 흘리고 말았다. 천도를 먹고 빨리 쾌유하라는 의미가 담겨 있음을 친구는 알았다.

이중섭 화가가 그려온 복숭아는 천상에서 나는 천도였다. 이 천도를 한 입만 베어 물면 어떤 병이라도 다 낫는다는 전설이 전해져 오고 있었다. 너무나 가난하여 과일가게에서 돈을 내고 복숭아를 살 수는 없었지만 이런 의미를 갖고 그린 이중섭 화가의 천도는 진짜 복숭아와는 비교도 할 수 없는 가치가 있었던 것이다.

누구나 가능한 꿈

미래는 자신이 가진 꿈의 아름다움을 믿는 사람들의 것이다.
– 엘리너 루즈벨트

유명한 육상선수 찰리 패덕이 어느 고등학교에서 연설을 했다.

"지금 이 강당 안에 미래의 올림픽 챔피언이 있을지 모릅니다."

그는 땀을 흘리며 연설을 마쳤다. 막 강단을 내려오는데 아주 야위고 볼품없이 키만 껑충 큰 한 흑인 학생이 다가와 수줍어하며 입을 열었다.

"제가 미래의 어느 날 최고의 육상선수가 될 수 있다면 저는 그 일을 위해 제 모든 것을 바치겠습니다."

학생의 말을 들은 찰리 매덕은 이 흑인 학생에게 열정적으로 대답했다.

"할 수 있네, 학생! 자네가 그것을 자네의 목표로 삼고 모든 것을 쏟아붓는다면 분명히 그렇게 될 수 있어."

학생은 찰리 패덕의 말을 가슴에 품고 뛰기 시작했다. 1936년 뮌헨 올림픽에서 그 깡마르고 다리만 길었던 흑인 학생 제시 오웬즈는 세계 기록을 경신하고 금메달을 땄다. 그리고 고향으로 돌아왔다. 고향 사

람들은 그를 열렬히 환영했다. 그런데 그날 키가 껑충한 한 흑인 소년
이 사람들 틈을 헤치고 다가와 제시 오웬즈에게 말했다.

"저도 언젠가는 육상선수가 되어 올림픽에 나가고 싶습니다."

제시는 예전의 자신을 생각하면서 그 소년의 손을 잡고 말했다.

"애야, 큰 꿈을 가져라. 그리고 네가 가진 모든 것을 그것에 쏟아부어
라. 그러면 꿈은 이루어진단다."

이 말을 들은 헤리슨도 올림픽에서 금메달을 땄다.

꿈을 키워준 선생님

교사의 임무는 독창적인 표현과 지식의 희열을 불러일으켜 주는 일이다.
– 아인슈타인

　　　　　　1학년 때의 보어 선생은 피카소가 그
린 자주색 인디언 천막이 사실적이지 않다고 지적했다. 자주색은 천막
에는 쓰이지 않는 색깔이라는 것이었다. 자주색은 죽은 사람들에게나
쓰는 색이며, 따라서 피카소의 그림은 다른 아이들 것과 함께 교실 벽
에 걸어줄 수가 없다는 것이었다.

헐렁한 코르덴 바지 스치는 소리를 내면서 피카소는 자리로 돌아갔
다. 검은색 크레파스 같은 어두운 밤이 그의 숙소 위로 내려앉았다.

2학년 때의 바르타 선생은 이렇게 말했다.

“무엇이든 그리고 싶은 대로 그려라”

무엇을 그리든 자유라는 것이었다. 피카소는 아무것도 그리지 못한
채 백지만 책상 위에 달랑 얹어 놓고 있었다. 선생님이 교실을 한 바퀴
돌아 피카소의 자리까지 왔을 때 그는 심장이 콩콩 뛰었다. 바르타 선
생은 그 큰 손으로 그의 머리를 쓰다듬더니 부드러운 목소리로 말했
다.

“들판에 온통 하얀 눈이 내렸구나. 정말 멋진 그림이야!”

하루 15분 나를 생각하라

1판 1쇄 인쇄 2012년 8월 10일
1판 1쇄 발행 2012년 8월 15일

지 은 이 유소운
펴 낸 이 김의수

펴 낸 곳 레몬북스
출판등록 제396-2011-000158호
주   소 경기도 파주시 문발동 535-7 세종출판벤처타운 404호
전   화 070-8886-8767
팩   스 031-955-1580

대표메일 kus7777@hanmail.net

I S B N 978-89-967624-4-7 13320